Burnout passé mit EFT

param

Michaela Bartosch

Burnout

passé mit EFT

*Wie Sie
bei Erschöpfungszuständen
mit EFT-Klopfen
wieder aufblühen*

param

Bibliografische Information der Deutschen Nationalbibliothek

Die Deutsche Nationalbibliothek verzeichnet diese Publikation
in der Deutschen Nationalbibliografie;
detaillierte bibliografische Daten sind im Internet über
http://dnb.d-nb.de abrufbar.

Mit EFT werden erstaunliche Erfolge erzielt. Allerdings bedeutet dies nicht, dass sie sich bei Ihnen immer auf Anhieb einstellen. Manche Probleme sind sehr vielschichtig und brauchen eine detaillierte Ansprache. In solchen Fällen sollten Sie einen erfahrenen EFT-Spezialisten aufsuchen. EFT ist sehr sanft und bei den meisten Menschen sicher in der Anwendung. Es muss jedoch darauf hingewiesen werden, dass sich Menschen mit schweren emotionalen Störungen keinesfalls einer Selbstbehandlung unterziehen, sondern immer professionelle Begleitung suchen sollten. EFT und die Beschreibungen in diesem Buch ersetzen nicht den Besuch beim Arzt oder Psychotherapeuten. Wenn Sie EFT bei sich selbst anwenden, liegt die Verantwortung für Ihr körperliches und emotionales Wohlbefinden vollständig bei Ihnen.

Gestaltung ComGraphiX, Ahlerstedt
Gesamtherstellung Finidr, Cesky Tesin

ISBN 978-3-88755-**261**-9

www.param-verlag.de

Teil 1: Grundlagen

Teil 2: Leitfaden

naram

Wer ausgebrannt ist, hat einmal gebrannt

Begrüßung

Die Tatsache, dass Sie dieses Buch in Händen halten, bedeutet vermutlich, dass Sie in Ihrem Leben einer Menge Anforderungen gegenüber stehen und manchmal vielleicht kaum mehr wissen, wo Ihnen der Kopf steht. Sie denken an all die unerledigten Dinge, bei denen Sie sich vielleicht nicht einmal mehr vorstellen können, wo Sie die Zeit hernehmen sollen, sie zu erledigen. Nur schon der Gedanke daran ermüdet Sie und löst vielleicht auch körperliche Missempfindungen aus. Vielleicht sagen Sie auch von sich, dass Sie sehr hohe Erwartungen an sich selbst haben und perfektionistisch veranlagt sind. Dieser Wunsch, alles perfekt zu machen, gibt bei allem, was Sie machen, den Ton an. Mangels Zeit können Sie dem aber gar nicht mehr gerecht werden und darum könnte latent das Gefühl in Ihnen schwelen, nicht zu genügen.

Vielleicht fühlen Sie sich aber auch immer für alle und alles verantwortlich, wollen, dass es allen in Ihrem Umfeld gut geht, und sind besorgt, dass alles nicht nur gut, sondern perfekt läuft. Deshalb fühlen Sie sich auch für Belange verantwortlich, die Sie gar nicht beeinflussen und kontrollieren können. Dann fühlen Sie sich ohnmächtig oder hilflos, was Ihnen Ihre Energie raubt. Trotzdem kann man sich immer hundertfünfzigprozentig auf Sie verlassen. Sie stehen immer zur Verfügung. Sie machen alles, was man von Ihnen erwartet. Ihre eigenen Bedürfnisse stellen Sie zurück, weil anderes Vorrang hat. Und wenn Sie doch einmal sagen, wie Sie sich fühlen oder was Sie brauchen, dann plagt Sie danach das schlechte Gewissen und Sie haben das Bedürfnis, sich vor anderen oder auch vor sich selbst zu rechtfertigen. Trotzdem bleibt das schlechte Gewissen als nagendes Gefühl im Bauch zurück.

Vielleicht fühlen Sie sich auch zunehmend erschöpft und energielos. Am Morgen schaffen Sie es kaum mehr aus dem Bett. Ihr Körper spielt irgendwie nicht mehr so mit, wie Sie es möchten und wie es früher möglich war. Doch Sie sind gewohnt, diese Empfindungen auszublenden, schließlich müssen Sie funktionieren.

Vielleicht interessiert Sie dieses Buch aber auch, weil einer Ihner Angehörigen, Bekannten oder Angestellten Erschöpfungssymptome zeigt und Sie befürchten, dass es ein Burnout sein könnte. Vielleicht arbeiten Sie auch beruflich mit Menschen, die Burnout gefährdet sind oder schon einnes haben. Dadurch sind Sie auf der Suche nach funktionierenden und einfachen Methoden, die Ihre Arbeit bereichern. Oder vielleicht sind Sie bereits EFT-Therapeut oder -Trainer und möchten dieses Buch als Kurz-Weiterbildung nutzen.

> *Es kommt nicht darauf an, was Ihnen im Leben widerfährt, entscheidend ist, was Sie daraus machen.*

Warum auch immer Sie dieses Buch in Händen halten, Sie suchen nach neuen Wegen. Sie möchten etwas tun, um die innere Leere und Erschöpfung zu beenden und das Leben wieder erfüllend zu gestalten. Seit Jahren beschäftige ich mich damit, die effizientesten Werkzeuge zu finden und den steigenden Anforderungen anzupassen. Und dabei liegt mein Fokus immer auf der Hilfe zur Selbsthilfe.

Die Technik zur emotionalen Freiheit (EFT, *Emotional Freedom Techniques*) ist solch ein Werkzeug. Ganz gleich, was im Leben passiert, EFT gibt mir die Möglichkeit, relativ schnell wieder in meine Mitte zu finden.

In diesem Buch werde ich Ihnen im ersten Teil die Methode in allen Details vorstellen und im zweiten Teil einen Leitfaden an die Hand geben, wie Sie diese Methode bei Herausforderungen im Zusammenhang mit Burnout für sich wirkungsvoll nutzen können.

param.

Teil 1

Grundlagen

Emotional Freedom Techniques

Der Grundgedanke von EFT ist, dass die Ursache von negativen Empfindungen und Gedanken eine Störung im Energiesystem des Körpers ist. Mit EFT wird die negative Empfindung ins Bewusstsein geholt und dann werden bestimmte Akupunkturpunkte geklopft, das sind energetisch wirksame Punkte, um die Blockade aufzulösen. Mit der Blockade verschwinden dann auch die negativen Empfindungen und Gedanken.

Anfangs überrascht gewöhnlich die schnelle und nachhaltige Wirkung von EFT bei den verschiedensten Problemstellungen. Im Laufe der Anwendung stellen sich innere Freiheit und Leichtigkeit ein. Ich habe in meiner persönlichen und beruflichen Entwicklung viele wertvolle Methoden kennen gelernt, aber EFT ist für mich aus folgenden Gründen nach wie vor eine Methode der ersten Wahl:

- sehr einfach zu erlernende Selbsthilfemethode
- braucht keine Voraussetzungen
- unbegrenztes Anwendungsspektrum

Obwohl EFT inzwischen schon gut bekannt ist, gibt es anfangs nicht selten eine gewisse Skepsis, weil EFT die gängigen Vorstellungen über psychische Probleme und vor allem deren Behandlung auf den Kopf stellt. Wenn Sie auch skeptisch sind, kann ich das gut verstehen. Sie dürfen ruhig kritisch sein, der Wirkung von EFT tut das keinen Abbruch.

Ich wünsche Ihnen viel Spaß beim Lesen.

EFT und Burnout

*I*ch gratuliere Ihnen zu Ihrer Entschlossenheit, die Zügel für Ihr Leben und Ihr Wohlbefinden selber in die Hand zu nehmen. Nur Sie selbst sind in der Lage, Ihre Situation langfristig und nachhaltig zu verändern. Das bedeutet nun aber nicht, dass ich Sie auffordere, keine professionelle Hilfe anzunehmen. Im Gegenteil, an erster Stelle sollte immer der Arztbesuch stehen. Bei einem Burnout-Syndrom ist es sinnvoll, eine interdisziplinäre Behandlungsstrategie zu planen. Diesen Leitfaden können Sie ergänzend einsetzen.

Die Verantwortung für sich übernehmen heißt, um das eigene Wohlbefinden besorgt zu sein und die Warnsignale des Körpers und der Seele ernst zu nehmen. Meist wird für alles andere die Verantwortung übernommen, aber nicht für sich selbst. Sie kennen vermutlich solche Aussagen: »Ich kann das alleine«; »Ich schaffe das alleine«; »Wäre ja gelacht, wenn ich da Hilfe brauche«; »Ich darf nicht schwach sein«; »Ich muss immer alles alleine machen«; und so weiter und so fort. Hilfe anzunehmen, wird als schwach sein empfunden.

Es ist sehr wichtig das Steuer rechtzeitig herumzureißen. Wenn Sie ein Burnout-Syndrom haben, ist Ihr Akku bereits leer, wahrscheinlich sogar beschädigt, und es ist gar nicht so leicht, ihn wieder aufzuladen. Die natürliche Regenerationsfähigkeit ist verloren. Trotzdem werden weiterhin Höchstleistungen gefordert. Das kann dann zum Zusammenbruch führen.

Bei einer gewöhnlichen Erschöpfung nach großer Anstrengung regeneriert der Körper in einer gewissen Zeit, der Akku wird automatisch wieder aufgeladen. Beim Burnout aber geht über längere Zeit mehr Energie verloren, als nachgeladen werden kann. Es entsteht eine Abwärtsspirale. Darum ist es gut, möglichst früh etwas zu tun, damit diese Spirale nicht in Gang gesetzt wird. Doch selbst wenn Sie meinen oder wissen, bereits ein Burnout zu haben, können Sie etwas tun, damit diese Abwärtsspirale in eine Aufwärtsspirale verwandelt wird.

2.1 Körperliche und psychische Gesundheit

Der Wert von Gesundheit ist in unserer Gesellschaft sehr hoch. Wer gesund ist, ist leistungsfähiger, und Leistungsfähigkeit ist ein zentraler Wert im Arbeitsalltag und zunehmend auch in der Freizeit. Deshalb fühlt sich wertvoll und akzeptiert, wer leistungsfähig ist. Die Chance, beruflich integriert zu sein und zu bleiben, ist so viel größer. Heute werden für viele Menschen die beruflichen und privaten Anforderungen stetig höher und damit steigt auch der Druck.

Diese verschärften Umstände erfordern einen anderen Umgang mit sich selber und seinen Problemen, damit man sich gesund und fit fühlt und den Anforderungen des Lebens gelassen, mit innerer Sicherheit und mit Freude begegnen kann. In unserer Kultur ist es bei medizinischen Problemen üblich, schnell Hilfe in Anspruch zu nehmen und sich auch das notwendige Wissen anzueignen, um mit der Situation möglichst selbstverantwortlich und konstruktiv umzugehen. Nicht so im emotionalen Bereich. Das ist leider nach wie vor für viele ein Tabuthema, denn wer in diesem Bereich Unterstützung in Anspruch nimmt, riskiert den Makel, als minderwertig betrachtet zu werden.

Mit diesem Buch haben Sie einen Schritt getan, sich aus diesem Vorurteil zu lösen. In keinem anderen Bereich verzichten wir vorsätzlich auf mögliche Unterstützung von außen. Wenn ich zum Beispiel ein Haus baue, engagiere ich einen Architekten und einen Bauunternehmer, die mich beraten und mir aufzeigen, wie sich mein Wunschhaus optimal realisieren lässt. Diese Fachpersonen kennen sich mit allen baulichen und gesetzlichen Gegebenheiten sehr gut aus. Ich würde nie auf die Idee kommen, ohne fundiertes Fachwissen, einfach mal darauf los zu bauen. Mit EFT steht Ihnen so eine fachliche Unterstützung zur Verfügung, die Sie selbstbestimmt und unabhängig anwenden können, sobald Sie sie kennen.

Um die optimale Wirkung zu erzielen, spielt es allerdings eine große Rolle, wie man vorgeht, vor allem bei komplexen Situationen wie dem Burnout-Syndrom. Wenn Sie feststellen, dass es Ihnen schwer fällt, selbständig mit diesem Leitfaden zu arbeiten, vielleicht weil Sie sich bereits zu erschöpft fühlen, gönnen Sie sich professionelle Unterstützung durch einen Coach oder Therapeuten. EFT ist eine wirksame Selbsthilfemethode, aber je nach Komplexität und Intensität der Probleme, die Sie bearbeiten wollen, kann es sinnvoll sein, zusätzlich zu diesem Leitfaden professionelle Unterstützung anzunehmen.

Das Burnout-Syndrom 2.2

Der Ausdruck Burnout wurde bereits 1974 vom Psychoanalytiker Freudenberger geprägt. Burnout bedeutet ausbrennen und beschreibt ein psychovegetatives Erschöpfungssyndrom, das sich aufgrund lang anhaltender Belastungssituationen entwickelt. Früher war die Definition enger gefasst und bezog sich nur auf Folgen im Zusammenhang mit Erwerbsarbeit, vor allem in den helfenden Berufen wie Krankenschwester, Sozialarbeiter, Lehrer etc., in denen man großen emotionalen Belastungen ausgesetzt ist. Heute zeigt sich, dass es in vielen anderen Berufsgruppen und allen Hierarchiestufen ebenfalls zum Burnout-Syndrom kommt. Es muss auch nicht auf die Erwerbsarbeit beschränkt sein. Menschen mit hohen Belastungen z. B. im familiären Bereich können ebenfalls betroffen sein.

Es gibt für Burnout keine verbindliche Definition und es ist auch kein fest umschriebenes Krankheitsbild. Die Definition im klinischen Wörterbuch »Pschyrembel« (2007) lautet: »Zustand emotionaler Erschöpfung, reduzierter Leistungsfähigkeit u. evtl. Depersonalisation infolge Diskrepanz zwischen Erwartung u. Realität; Endzustand eines Prozesses von idealistischer

Begeisterung über Desillusionierung, Frustration und Apathie. Geschätzte Prävalenz ca. 10 % der Arbeitnehmer mit entsprechenden Berufen (20–30 % aller Arbeitnehmer sind gefährdet).«

Wichtig ist auf jeden Fall, dass mögliche körperliche Ursachen der Erschöpfung (wie Diabetes, Schilddrüsenunterfunktion u. ä.) ausgeschlossen werden.

Faktoren, die ein Burnout-Syndrom begünstigen

Es sind nicht Faktoren wie körperliche Schwerarbeit oder eine ungesunde Arbeitsumgebung, die jemanden ausbrennen lassen, sondern

äußere Faktoren wie

- hohe Arbeitsbelastung
- dauernde zwischenmenschliche Konflikte
- unklare Erwartungen
- fehlendes Vertrauen
- Mangel an Respekt und Anerkennung
- schlechtes Klima im Team
- Mobbing
- hohe Fremdbestimmung oder Kontrolle
- Kommunikationsüberflutung
- kein oder wenig Feedback zur Arbeitsleistung
- Angst vor Arbeitsplatzverlust
- organisatorisch schlechte Arbeitsbedingungen
- Zeitdruck

Warnzeichen auf der betrieblichen Seite sind hohe Personalausfälle wegen Krankheit oder Unfall, sowie Produktivitätsrückgänge und hohe Personalfluktuation.

Innere Faktoren sind

- hoher Ehrgeiz
- Perfektionismus
- nicht Nein sagen können und sich aufopfern

param

- übermäßiges Verantwortungsgefühl und in Folge davon ein chronisch schlechtes Gewissen
- viel zu hohe Ansprüche an sich und die Umwelt
- sich viel mehr zumuten, als man bewältigen kann
- kleinste Kritik führt zu Stress oder schlechtem Gewissen
- Anerkennung und Lob werden für den Selbstwert gebraucht
- ungenügende Erholungszeiten
- Mühe, Arbeit zu delegieren
- seinen inneren Wert vornehmlich über die Leistung zu definieren

Diese inneren und äußeren Faktoren können zu einem extrem erlebten Dauerstress und schließlich zum Burnout-Syndrom führen. Bis sich aus einer chronischen Stress-Situation ein Burnout-Syndrom in voller Ausprägung entwickelt, können ein paar Monate bis zu ein paar Jahre vergehen.

Symptome	2.2.1

Ein Burnout-Syndrom kann sich mit körperlichen, emotionalen, mentalen und sozialen Symptomen zeigen.

Körperliche Symptome

- Energiemangel, Schwäche, chronische Müdigkeit
- Kopfschmerzen, Rückenschmerzen, Muskelverspannungen
- Magen-Darm-Beschwerden
- Herz-Kreislauf-Störungen
- Schlafstörungen

Emotionale Symptome

- innere Leere, inneres Absterben
- Hoffnungslosigkeit, Hilflosigkeit
- Depression, Ausweglosigkeit
- Reizbarkeit, Ärger
- Schuldgefühle oder Schuldzuweisungen
- Ängste und evtl. Panikattacken

Mentale Symptome

- Vergesslichkeit, Konzentrationsstörungen
- Abbau der Kreativität
- zunehmend negative Einstellung sich selbst, der Arbeit und dem Leben gegenüber
- Zynismus
- Gefühl der Sinnlosigkeit und Verzweiflung

Soziale Symptome

- Gefühl, von anderen Menschen ausgesaugt zu werden
- Soziale Kontakte nerven und werden als Belastung empfunden
- kann anderen nicht mehr zuhören und Verständnis aufbringen
- kein Interesse mehr an anderen bis hin zur sozialen Isolation

2.2.2	Wer ausgebrannt ist, hat einmal gebrannt

Am Anfang eines Burnout-Syndroms stehen viel Energie und Begeisterung für eine Aufgabe, die aber nach und nach erlöschen, eben ausbrennen. Dies ist differenzialdiagnostisch[*] ein wichtiger Faktor, um ein Burnout-Syndrom von einer Depression zu unterscheiden.

Das Ausbrennen verläuft in einer Abwärtsspirale. Der Beginn ist schleichend und rückblickend meist nicht mehr eindeutig zu bestimmen. Häufig will der Betroffene es auch nicht wahrhaben und versucht, die infolge Erschöpfung verminderte Effizienz und Leistungsfähigkeit mit noch mehr Nachdruck und zeitlichem Engagement zu kompensieren. Aus Angst, die Kontrolle über die Situation zu verlieren und den Anforderungen nicht mehr gerecht zu werden, wird noch ein Gang hochgeschaltet. Statt die Batterien wieder aufzuladen, sich also zu erholen, wird noch mehr Leistung aufgebracht und die Batterien noch mehr entladen. Dabei wird die effektive Leistung immer schlechter und die Schuldgefühle nehmen dadurch zu.

[*]unterscheiden von Krankheiten mit ähnlichen Merkmalen

Sonstiges gesundheitsschädigendes Verhalten gesellt sich hinzu wie ungesundes Essen, Kaffee, Alkohol, Zigaretten und zu wenig Bewegung, weil man nicht mehr die Energie hat, für sich selbst zu sorgen. Die Abwärtsspirale dreht sich.

Sind Sie gefährdet? 2.2.3

Vielleicht wissen Sie innerlich die Antwort schon? Haben Sie das Gefühl, dass viele der oben genannten Merkmale und Symptome auf Sie zutreffen? Können Sie, rückblickend auf die letzten drei Monate, viele der im Folgenden genannten Aussagen weitgehend bestätigen?

- Ich fühle mich gerädert.
- Alles fühlt sich so sinnlos an.
- Ich kann nachts kaum mehr schlafen.
- Selbst wenn ich Zeit habe, kann ich mich gar nicht mehr erholen.
- Ich habe häufig Kopfschmerzen.
- Ich habe starke Nackenverspannungen.
- Ich zweifle an meinen Leistungen.
- Ich habe sehr hohe Ansprüche an mich selber.
- Alle nerven mich und ich ertrage nichts mehr.
- Ich habe gar keine Lust mehr, Freunde zu treffen.
- Ich bin absolut am Ende meiner Kräfte.
- Ich fühle mich innerlich leer.
- Früher war ich mit Begeisterung bei der Arbeit, auch wenn es sehr viel war.
- Ich bin sehr geräusch- und lichtempfindlich geworden.
- Sobald ich Ferien habe, werde ich krank.
- Ich möchte es allen recht machen.
- Ich habe Magen-Darm-Probleme.
- Ich kann mich nicht mehr konzentrieren.
- Ich arbeite sehr viel.
- Ich habe viele negative Gedanken und grüble viel, meine Gedanken drehen sich im Kreis.
- Ich bin (innerlich) unruhig.

- Ich habe häufig ein schlechtes Gewissen.
- Ich habe schnell das Gefühl, dass ich einen Fehler gemacht habe.
- Ich kann nicht abschalten und loslassen.
- Ich habe Probleme mit meinem Herzen.
- Ich habe häufig Angst/Panik vor den Anforderungen des nächsten Tages.

Frühe Warnsymptome

Bei gleichzeitigem Gefühl von Müdigkeit, Unausgeschlafensein und Energiemangel:

- vermehrtes Engagement
- Gefühl, nie Zeit zu haben
- Gefühl, unentbehrlich zu sein
- eigene Bedürfnisse werden verleugnet
- Hyperaktivität, ständig etwas machen müssen
- für alles oder alle die Verantwortung übernehmen

Diese frühen Anzeichen werden leider häufig nicht ernst genommen und ignoriert. Der Körper sendet am Anfang noch leise Alarmsignale, die dann, wenn man sie nicht beachtet, immer lauter werden, bis man sie schließlich nicht mehr überhören kann.

Späte Warnsymptome

- Schlafstörungen
- Isolation, verkümmern sozialer Beziehungen
- zunehmende Unlustgefühle
- Gefühl, nicht mehr man selbst zu sein

Warnsymptome beachten

Stellen Sie sich eine alltägliche Situation vor. Sie fahren Auto und die Tankanzeige leuchtet auf. Was tun Sie? Blöde Frage werden Sie denken, ich tanke natürlich schnellstmöglich. Haben Sie in dieser Situation schon einmal ernsthaft daran gedacht, die Benzinlampe zuzukleben, um sie nicht mehr sehen müssen? Sie lachen jetzt vielleicht über diese absurde Idee, doch leider verhalten wir uns bei dem eigenen Köper oft so. Wir ignorieren die körperlichen Warnsignale so lange es geht und sind dann erstaunt, wenn es irgendwann nicht mehr weiter geht, weil der Tank einfach leer ist. Wir ignorieren die körperlichen Warnsignale so lange es geht (meist so lange wir noch fahren), kleben also sinnbildlich die Tankanzeige zu, und sind dann erstaunt, wenn wir irgendwann stehen bleiben, weil der Tank restlos leer ist und der Motor vielleicht auch schon einen Schaden hat. Wir sind vielleicht sogar noch enttäuscht oder wütend, dass andere scheinbar versäumt haben, uns den Tank zu füllen. Beim Autofahren käme es uns nie in den Sinn, andere für unseren leeren Tank verantwortlich zu machen.

Sie sind für sich selbst verantwortlich, zum Glück, denn stellen Sie sich vor, jeder könnte an und in Ihrem Leben ursächlich Dinge verändern. Das gäbe im Handumdrehen ein riesiges Chaos. Also seien Sie dankbar dafür, dass Sie selbst den Schlüssel für Ihr Leben in der Hand haben. Dann müssen Sie nämlich auch nicht mehr warten, bis der Chef, der Partner oder die Partnerin, die Kinder oder wer sonst auch immer endlich das Richtige tut, damit es Ihnen besser geht. Diese Erkenntnis macht Sie wieder handlungsfähig und beendet jegliche Opferhaltung.

Was geschieht bei chronischem Stress? 2.2.4

Stress entsteht im Gehirn. Die Empfindung von Stress bedeutet ganz allgemein, dass die Anforderungen in einer Situation höher eingeschätzt werden, als die Energie, die zu ihrer Bewältigung vorhanden ist. Die Stress-Reaktion ist die Antwort des Körpers auf die Stress auslösenden Faktoren. Was geschieht im Gehirn und im Körper, wenn wir gestresst sind?

Durch Stress wird ein Überlebensprogramm gestartet, das vielfältige und unspezifische körperliche Reaktionen zur Folge hat. In der Steinzeit war dieses Programm überlebenswichtig. Das ist heute nicht mehr der Fall, aber das Programm läuft noch immer ab. Unsere Lebensbedingungen haben sich geändert, die Reaktionen sind geblieben.

Biologische Reaktion bei Stress

Es gibt bei Stress zwei Reaktionsabläufe, die Sympathikus-Nebennierenmark-Achse und die Hypothalamus-Hypophysen-Nebennierenrinde-Achse.

➤ Sympathikus-Nebennierenmark-Achse

Hierbei handelt es sich um die Sofortreaktion, eine Art Mobilmachung des Körpers. Gefahr im Verzug: Ein Knacken im Gebüsch verrät einen Bären vor der Höhle.

Der Reiz wird ins limbische System des Gehirns weitergeleitet. Die Amygdala hat hier die zentrale Rolle. In ihr sind alle alten Emotionsprogramme gespeichert. Im Gehirn wird in Millisekunden entschieden, ob es sich um eine lebensbedrohliche Situation handelt.

Der Köper wird in sofortige Alarmbereitschaft versetzt, der Kampf-oder-Flucht-Mechanismus setzt ein, der Steinzeitmensch ist bereit zu kämpfen.

Der Sympathikus ist aktiviert:

- Puls- und Atemfrequenz werden beschleunigt
- Gehirn ist sehr gut durchblutet
- reduzierter Speichelfluss, trockener Mund
- Verdauungstätigkeit wird eingestellt (Verdauung hat keine Priorität)
- Blutgerinnungsfaktoren nehmen zu (damit man bei Verletzungen nicht verblutet)
- Herabsetzen der Schmerzempfindung
- Zucker- und Fettreserven werden mobilisiert (Energiebereitstellung)
- kalte Hände und Füße
- kurzfristig erhöhte Immunabwehr (damit Wunden sich nicht entzünden)

- Libido-Hemmung (jetzt geht es ums Überleben)
- Muskeln spannen sich an, bessere Reflexe (kämpfen oder flüchten)

Diese Alarmbereitschaft bleibt während der gasamten Bedrohungssituation bestehen. Diese Reaktion ist reflexhaft und daher bleibt keine Zeit nachzudenken.

Wenn die Bedrohung rasch bewältigt ist, der Bär also besiegt oder man selbst erfolgreich geflüchtet ist, nimmt die Reaktion schnell ein Ende. Die sympathische Aktivierung nimmt ab und der Körper beruhigt sich. Das Adrenalin im Blut wird durch den Kampf oder die Flucht schnell abgebaut.

Wenn es zu keiner schnellen Lösung kommt, die Bedrohung also bestehen bleibt (der Bär bleibt vor der Höhle), setzt nach etwa fünfzehn Minuten über einen komplizierten Mechanismus die zweite Stress-Achse ein:

➢ *Hypothalamus-Hypophysen-Nebennierenrinde-Achse*

Auf dieser Stufe wird die Stress-Reaktion chronisch, der Körper richtet sich auf Dauerkampf ein (›Schützengraben‹).

Es werden Mechanismen zur Aufrechterhaltung der sympathischen Aktivierung in Gang gesetzt. Die Reizleitung erfolgt hier über Hormone (CRF, ATCH und Cortisol) und diese Reaktion ist deutlich langsamer als die Sofortreaktion. Das Ziel dieser Reaktion ist die Organisation von Energienachschub, sinnbildlich wie Krieger, die sich im Schützengraben auf einen längeren Kampf einrichten, oder in unserem Beispiel, wenn der Bär vor der Höhle sitzen bleibt. Welche Folgen hat das auf unseren Organismus?

Folgen von Dauerstress – wenn der Bär vor der Höhle bleibt:

- Das Gehirn ist nicht nur Ausgangspunkt von Stress-Reaktionen, sondern auch ein Zielorgan davon. Stress formt das Gehirn. Ein chronisch erhöhter Cortisol-Spiegel bewirkt je nach Dosis und Dauer nachhaltige Veränderungen von Nervenzellen, Immunabwehr und Stoffwechsel.

- Reduktion von Neurotransmitter-Rezeptoren (Serotonin, Dopamin und Noradrenalin). Folge davon sind Konzentrationsstörungen und Depressionen
- Degeneration neuronaler Strukturen (vor allem im Hippocampus) äussern sich als Vergesslichkeit und eingeschränkte kognitive Leistungsfähigkeit
- Schwächung des Immunsystems nach außen (→Infektionen) und innen (→Tumore); andererseits aber übersteigerte Immunreaktion gegen äußere Einflüsse (→Allergien)
- Verminderte Insulinwirkung führt zu erhöhtem Blutzuckerspiegel (später Diabetes), Übergewicht und Viszeralfett (Bauchfett)
- Bluthochdruck, koronare Herzkrankheit und Herzinfarkt. Die bereitgestellten Zucker- und Fettreserven werden im modernen Büroalltag nicht mehr für einen physischen Kampf gebraucht, folglich nicht mehr abgebaut, und setzen sich deshalb an den Gefäßwänden der Arterien ab, wo sie zu Arteriosklerose und schließlich zu Herzinfarkt und Hirnschlag führen können.
- Störung der Verdauung.
- Muskulatur: Kopfschmerzen, Rückenschmerzen, ›Weichteilrheumatismus‹.
- Verringerte Schmerztoleranz.
- Libido-Verlust, Zyklusstörungen, Impotenz, Infertilität.

Stress gehört zum Leben, ungesund wird es nur, wenn er ein Dauerzustand wird. Stress an sich ist nicht ungesund, sondern gehört zum Leben. Der Rhythmus von Aktivität und Passivität ist allgegenwärtig. Ungesund wird es, wenn Stress zum Dauerzustand wird. Das heißt, wenn die Stress-Hormone im Körper nicht mehr abgebaut werden können, bevor schon wieder die nächste Bedrohung (Stress) kommt. Der Bär bleibt so ständig vor der Höhle. Im Unterschied zur Steinzeit haben wir keine Bären mehr vor dem Haus und es ist ganz selten wirklich lebensbedrohlich. Trotzdem reagiert unser System noch genau so: Leben oder Tod. Der ›Bär‹ ist jetzt vielleicht der Chef, das nächste Jahresergebnis, der Aktienkurs, Ihr Perfektionismus etc.

Wenn Sie also seit mehreren Monaten oder Jahren im Dauerstress sind, wissen Sie jetzt, welche extreme Leistung Ihr Körper vollbringen muss und wie wichtig es ist, dass Ihr biologisches Stress-Reaktionssystem zur Ruhe kommt.

Welche ›Bären‹ haben Sie vor Ihrer Höhle?

Soziale und wirtschaftliche Folgen   2.2.5

Es ist eine verbreitete Vorniedlichungsstrategie, das Burnout-Syndrom als Mode-Diagnose abzuwerten. Es ändert auch gar nichts daran, dass dieser Situations- und Symptom-Komplex zunehmend häufiger auftritt, wie auch immer man ihn benennen mag. Gezielte Prävention ist notwendig, denn der persönliche und wirtschaftliche Preis eines Burnout-Syndroms ist sehr hoch.

Eine Studie* schätzt die jährlichen Kosten stressbedingter Beschwerden in der Schweiz um die Jahrtausendwende auf 4,2 Milliarden Franken. In Deutschland schätzt die Bundesanstalt für Arbeitsschutz und Medizin im Jahre 2004 die Produktionsausfälle aufgrund psychischer Belastungen bei 46 Millionen Arbeitsunfähigkeitstagen auf 7,4 Milliarden Euro. Und ein Bericht der Weltgesundheitsorganisation (WHO) schätzt für die in 2004 fünfzehn Mitgliedsländer der Europäischen Union die Kosten durch Stress am Arbeitsplatz und die damit verbundenen psychischen Gesundheitsprobleme auf 265 Milliarden Euro pro Jahr.

Was hier als gigantische, aber unpersönliche Zahlen das Papier schmückt, ist für jeden betroffen Menschen eine kleine oder größere Katastrophe. Wer immer gerne Leistung erbracht hat, Freude an Herausforderungen hatte und bereit war, alles zu geben, und sich dann auf einmal so schwach und absolut hilflos erlebt, weil er sich in einer Situation wiederfindet, in der auch mit noch so großer Anstrengung einfach nichts mehr geht, gerät in eine schwere Krise.

*Staatssekretariates für Wirtschaft (Seco)

Es ist wichtig, dass in den Firmen ein Umdenken stattfindet. Die Mitarbeiter jeder Hierarchiestufe sollten aktiv darin unterstützt werden, eine gesunde Balance in ihrem Leben zu finden und zu erhalten. Für den Betrieb kommt es wirtschaftlich viel günstiger, wenn er zufriedenere und gesündere Mitarbeiter hat. Es entstehen weniger Konfliktsituationen. Wenn das körperliche Stress-System ständig auf Hochtouren läuft, fühlt man sich sehr viel schneller bedroht und hat Angst. Solche Emotionen steigern die Kreativität der Mitarbeiter nicht.

Bei der Funktion unseres steinzeitlichen Stress-Systems geht es um Leben oder Tod. Und solche Kämpfe finden ja tatsächlich jeden Tag vielerorts in der Arbeitswelt statt. Jeder gegen jeden. Dabei geht es nur um das eigene Überleben und nicht um ein Miteinander. Auf diese Weise gehen Unmengen an Energien und Synergien verloren, denn man ist mit Kämpfen beschäftigt und nicht mit dem Unternehmensziel.

Mitarbeiter, die sich bedingungslos zu Verfügung stellen müssen und 24 Stunden für den Betrieb erreichbar sind, die kein Privatleben mit nährenden Kontakten mehr haben, weil sie nur noch arbeiten, sollten für einen Arbeitgeber, der das Wohl seiner Firma im Auge hat, nicht mehr erstrebenswert und interessant sein.

Heute werden diese Verhaltensmuster vielerorts erwartet und häufig auch noch belohnt. So geht bereits mittelfristig sehr viel Geld und Knowhow verloren. Denn es ist nur eine Frage der Zeit, bis Erschöpfungssymptome einsetzen und das hat nichts mit mangelnder Motivation oder Einsatzbereitschaft zu tun. Der persönliche, gesundheitliche, soziale und nicht zuletzt finanzielle Preis ist für alle Seiten sehr hoch.

2.2.6	Die Bedeutung der Prävention

Um diesen Zwängen nicht hilflos ausgeliefert zu sein, ist eine wirkungsvolle Unterstützung notwendig. Bloßes Wissen um diese Mechanismen reicht zur Prävention nicht aus. Es werden wirksame Methoden gebraucht, um die Belastungsmomente effizient zu kompensieren. EFT bietet diese Möglichkeit.

Zwar sind Entspannungstechniken nicht schlecht, doch in meiner Praxis habe ich die Erfahrung gemacht, dass jemand nicht mehr in der Lage ist, sie anzuwenden, wenn er unter chronischem Stress leidet. Er findet sie zwar vom Kopf her wunderbar und sieht auch ein, dass es nötig ist, sich zu entspannen, aber sein System macht nicht mehr mit. Ich glaube, auch hierfür gibt das ›Steinzeitmuster‹ eine gute Erklärung. Wenn man früher einen Bären vor der Höhle hatte, hat vermutlich niemand meditiert oder versucht, sich zu entspannen.

Deshalb funktionieren Entspannungstechniken nur so lange, wie der Körper noch in der Lage ist, sich zu entspannen, also so lange, wie die Stress-Hormone noch abgebaut werden können. Wenn jetzt aber nonstop immer wieder neue Gefahren gewittert werden, kommt der Körper nicht mehr in die Ruhephase, in der die Stress-Hormone abgebaut werden können. In dieser Phase jedoch ist sich kaum jemand bewusst, wie wichtig regelmäßige Entspannung wäre. Es ist keine Frage des Wissens, sondern der Methode, um wirkungsvolle Veränderungen zu initiieren. Wenn ich nicht mit Rauchen aufhören kann, dann nicht, weil ich nicht wüsste, dass Rauchen schädlich ist, sondern weil ich keine wirkungsvollen Methoden zur Verfügung habe, die auslösenden Mechanismen aufzulösen. Genau so ist es bei chronischem Stress, die Mechanismen müssen bearbeitet werden, um der Stress-Erkrankungen wirkungsvoll zu begegnen.

EFT – Die Methode   2.3

Emotional Freedom Technique (EFT) ist eine effiziente und einfache Selbsthilfemethode der Energetischen Psychologie. Unter dem Begriff Energetische Psychologie ist ein relativ junger Zweig verschiedener Methoden zusammengefasst, die uraltes Wissen mit modernen psychologischen und wissenschaftlichen Ansätzen verbinden. Darunter ist EFT wohl die bekannteste Methode.

Grundlage ist einerseits das 5000 Jahre alte Wissen der chinesischen Medizin über die Lebensenergie Chi, die in den

Energieleitbahnen (Meridiane) den Körper durchfließt und durch Akupunkturpunkte, die als Schleusentore fungieren, geregelt wird. Eine andere Grundlage ist Albert Einsteins Entdeckung, dass alles aus Energie besteht. Also auch wir sind an sich ›nur‹ Energie. Energie ist die unsichtbare Grundlage der gesamten Schöpfung und damit auch unseres Körpers und Geistes. Wenn wir die Energie beeinflussen können, beeinflussen wir folglich auch den Körper. EFT kann als eine Art psychologisierte Akupunktur verstanden werden. Allerdings wird das Wissen der chinesischen Medizin nicht gebraucht, um die Methode erfolgreich anzuwenden. Der Grundgedanke von EFT ist sehr einfach. Er lautet: Die Ursache für alle negativen Emotionen ist eine Störung im Energiesystem des Körpers.

Die Ursache für alle negativen Emotionen ist eine Störung im Energiesystem des Körpers.

Bei der Anwendung konzentriert man sich auf störende Emotionen, Gedanken oder körperliche Beschwerden, also auf die Energiestörung, und klopft definierte Akupunkturpunkte, um die Energie im Störungsbereich wieder ins Fließen zu bringen. Dadurch wird die Störung aufgelöst und die damit verbundene negative Emotion ebenfalls. Das hört sich sehr einfach an und ist es tatsächlich auch.

Inzwischen sind weltweite Studien zur Wirksamkeit der energetischen Psychologie durchgeführt worden.[*] Jeder EFT-Coach oder -Trainer setzt seine eigenen Schwerpunkte und arbeitet mit kleineren Modifikationen der Methode. Wenn Sie also Abweichungen zu anderen Anleitungen und Büchern feststellen, lassen Sie sich dadurch nicht verwirren. In der Vorgehensweise gibt es viele funktionierende Varianten. Dabei geht es nicht um richtig oder falsch, sondern um die Erweiterung der Möglichkeiten. EFT ist eine sehr dynamische Methode, und es wäre schade, sich da einzuschränken.

Spüren Sie, wie sich etwas anfühlt, wenn Sie es anwenden, und vertrauen Sie auf ihr Gefühl. Meine Schwerpunkte und

[*] auf www.eft-info.com und www.enerypsych.org/research.php (englisch) gibt es einen Überblick über aktuelle Studienergebnisse

Modifikationen haben sich in zahllosen Einzelsitzungen wie auch in Seminaren mit der Zeit herausgebildet. Mit zunehmender Erfahrung und Routine werden Sie vermutlich auch nach und nach ganz spontan kleinere Details modifizieren und so die Methode ganz spontan Ihren individuellen Bedürfnissen anpassen. Sie können nichts falsch machen. Im schlimmsten Fall ist Ihre Änderung wirkungslos und das merken Sie ja sofort und können dann dementsprechend wieder auf das Bewährte zurückgreifen. Experimentieren Sie und integrieren EFT auch in Methoden, die Sie schon kennen.

Für den Anfang empfehle ich Ihnen jedoch, sich genau an die Anleitungen zu halten, die sich bewährt haben, und mit eigenen Modifikationen zu warten, bis Sie EFT wirklich vollumfänglich verstanden und integriert haben.

Historische Entwicklung 2.3.1

Die Entwicklung der Energetischen Psychologie beginnt mit Roger Callahan, einem Psychiater, der in den 80-er Jahren die *Thought Field Therapy* (TFT, Gedankenfeld-Therapie) entwickelt hat.

Gary Craig war einer seiner ersten Schüler. Er hat Callahans Ansatz ab 1995 im Wesentlichen durch Vereinfachung weiterentwickelt. Das Ergebnis war die Selbsthilfemethode EFT, die es jedem ermöglicht, ohne Anwendung des Muskeltests* oder Erlernen komplizierter Abläufen emotionale Belastungen aufzulösen.

Gary Craig erklärt dies am Beispiel eines Fernsehers: Stellen Sie sich vor, Ihr Fernsehgerät ist kaputt. Statt jetzt viel Zeit in die Diagnostik zu stecken, wo genau die Störung in der Elektronik liegt, wird bildlich gesprochen einfach die gesamte Elektronik ausgetauscht. Und da dies im Fall von EFT sehr schnell geht, verliert man dabei keine Zeit, auch wenn man vermutlich zu viel macht.

---

*eine kinesiologische Methode, bei der über die starke oder schwache Reaktion von Muskeln Informationen direkt vom Körper erlangt werden, ohne dass die rationale Kontrolle sie überlagern oder verfälschen kann

Mit EFT hat Gary Craig eine Methode, ein Grundrezept entwickelt, das immer denselben Ablauf hat und bei allem angewendet werden kann. Craigs Vision ist, EFT jedermann verfügbar zu machen.[*]

2.3.2	Wirkungsweise

Der Grundgedanke: »Die Ursache für alle negativen Emotionen ist eine Störung im Energiesystem des Körpers«; besagt, dass nicht ein (negatives) Ereignis ›Schuld‹ ist an der belastenden Emotion, sondern die Störung im Energiesystem, die durch dieses Ereignis im Körper entstanden ist und die immer wiederhergestellt wird, sobald man an dieses Ereignis denkt.

Klassische Psychologie
Erinnerung/Gedanke → negative Emotion

Energetische Psychologie
Erinnerung/Gedanke → Störung im Energiesystem → negative Emotion

In der energetischen Psychologie arbeiten wir also an der Energiestörung, die eigentlich Ursache ist und das negative Gefühl nur auslöst. Mit EFT lösen wir die Energiestörung auf. Wenn wir uns dann nach der EFT-Anwendung wieder an das Ereignis erinnern, löst sie keine negative Emotion mehr aus, weil die Energiestörung behoben wurde. Darum ist es auch nicht nötig zu wissen, warum und wo die Ursache der negativen Emotion liegt. Die Energiestörung ist akut und kann mit EFT aufgelöst werden, wo auch immer ihr Ursprung liegt. Das erklärt auch, warum Menschen auf dasselbe Ereignis unterschiedlich reagieren. Nur die, bei denen ein Ereignis eine Energiestörung auslöst, reagieren in der Folge mit Stress, die anderen bleiben emotional im Gleichgewicht.

[*]Auf seiner Website www.emofree.com kann man sich sehr umfangreich über EFT informieren und kostenlos das EFT-Manual herunterladen. Außerdem bietet er dort EFT-Lern-Videos zum Selbstkostenpreis an.

param

Weil die Ursache aller negativen Emotionen in einer Störung des Energiesystems liegt, kann EFT auch bei allen negativen Emotionen eingesetzt werden. EFT wirkt grundsätzlich auf jedes negative oder belastende Gefühl, ganz gleich wie lange es schon besteht, woher es kommt oder wie schwerwiegend es ist.

Einige Ideen, wo Sie EFT auch unabhängig vom Thema Burnout einsetzen können:

- Alltagsstress, alles was Sie ungern oder widerwillig machen
- Ängste
- Phobien, Panik
- geringer Selbstwert
- Süchte wie Rauchen, Essen, Spielen, Alkohol etc.
- unangenehme Erinnerungen
- Umgang mit schwierigen Menschen
- Traurigkeit, Depressionen
- Ärger, Wut
- bei vielen körperlichen Beschwerden
- Lernprobleme jeder Art
- Schlafprobleme
- im Hochleistungsbereich, um Exzellenz zu erreichen
- in Kombination mit Mentaltraining, um Ihre Ziele sicher zu erreichen

Psychische Umkehrungen (PU)　　　　2.4

Der Begriff Psychische Umkehrung (PU) wurde von Roger Callahan eingeführt. Ihre Entdeckung war ein bedeuteter Fortschritt für die energetische Psychologie. Allgemein bezeichnet eine PU eine Umkehrung im Energiesystem, sinnbildlich sind die Polaritäten vertauscht, wie bei einer Batterie, die verkehrt herum eingelegt wurde.

Wir müssen nun aber nicht überlegen, warum die Polarität umgekehrt ist, wir müssen sie nur korrigieren. Eine psychisch

...hrung hat zur Folge, dass wir weitgehend unbewusst un-... eigenen Ziele sabotieren, weil sinnbildlich unsere Energie ...jegenläuft. Keine Therapie oder Maßnahme wird Erfolg zeigen, solange eine PU vorliegt.

Ein Beispiel: Sie möchten mit Rauchen aufhören. Nehmen wir an, Sie hätten bei diesem Problem eine PU. Auslöser dafür ist eine Überzeugung, die Sie unbewusst haben, wie: »Ich kann/darf/sollte nicht mit Rauchen aufhören.« Sie möchten zwar bewusst mit dem Rauchen aufhören, unbewusst aber nicht.

Eine psychische Umkehrung ist eine unbewusste Selbstsabotage und hat nichts mit mangelnder Willenskraft zu tun. Deshalb werden Sie weiter rauchen, obwohl Sie genau wissen, wie schädlich das Rauchen für Sie ist. Da hilft auch kein Totenkopf oder Raucherbein auf der Zigarettenschachtel, meist nicht einmal ein Todesfall infolge Lungenkrebses in der eigenen Familie.

Eine PU hat nichts mit mangelnder Disziplin oder mangelndem Wissen zu tun, sondern einfach damit, dass diese unbewusste Überzeugung vorhanden ist und die gewünschte Veränderung blockiert. Sie möchten einerseits mit Rauchen aufhören, anderseits (unbewusst) aber nicht.

Mit starkem Willen kann man sich eine gewisse Zeit über eine PU hinwegsetzen, was aber äußerst anstrengend ist und meist nicht lange funktioniert. Eine PU ist wie eine verschlossene Tür oder wie eine angezogene Handbremse auf dem Weg zur Heilung. Es gibt verschiedene Türen, die unseren Weg blockieren können, größere und kleinere. Überlegen Sie sich nicht, warum sie da sind, das führt zu nichts. Es genügt völlig, die Türen zu öffnen. Und verurteilen Sie sich auch nicht dafür. Im Folgenden werde ich Ihnen die häufigsten PU erklären und im Anhang weitere nennen, die seltener sind, aber doch vorkommen können.

Die häufigsten PU sind

- problemspezifische PU
- massive PU
- massive Selbstwert-PU
- tiefsitzende PU
- problemspezifische Selbstwert-PU
- Mini-PU

Problemspezifische PU 2.4.1

Weil eine PU eine Heilblockade ist, müssen wir sicherstellen, dass wir sie vorher korrigieren, damit die Tür offen bzw. die Handbremse gelöst ist. Es liegt allerdings nicht bei jedem Problem eine PU vor.

Der erste Schritt im EFT ist immer die Auflösung einer eventuell vorhandenen PU. Falls gar keine PU vorhanden ist, macht das nichts, denn der Ablauf kann nicht schaden. Der Einstiegssatz dient der Korrektur einer eventuellen PU. Das wird im EFT Setup genannt und hat die Form:

> »Auch wenn ich *[Aspekt des Problems]*, liebe und akzeptiere ich mich voll und ganz.«

Dieser Korrektursatz ist wie eine Friedenserklärung an sich selbst. Auch wenn Sie die Aussage nicht glauben, werden Sie mit der Zeit spüren, dass Sie liebevoller mit sich selbst umgehen.

Diese PU ist die häufigste. Sie wird als problemspezifische PU bezeichnet, weil sie auf das Problem bezogen ist. Deshalb ist diese PU-Korrektur bereits in den EFT-Ablauf integriert und Sie müssen nicht speziell daran denken.

Es gibt aber noch andere Formen psychischer Umkehrungen, die häufig vorkommen. Es gibt sozusagen verschiedene Türen, die den Weg verstellen können und jede Tür hat sozusagen ihren eigenen Code, den man eingeben muss, damit sie aufspringt und Sie freie Fahrt haben. Dieser Code ist das direkte Ansprechen der jeweiligen PU. Die Wirksamkeit dieser Korrektur ist vermutlich mit der bedingungslosen Anerkennung und Akzeptanz zu erklären.

<table>
<tr><td>2.4.2</td><td>Massive PU</td></tr>
</table>

Diese Art von PU ist übergeordnet, keine einfache Tür, sondern ein massives Tor, das den Weg versperrt. Wenn eine massive PU vorliegt und nicht zuvor korrigiert wird, bleibt das Klopfen, ganz gleich zu welchem Thema, ohne Wirkung.

Eine massive Umkehr beeinflusst das gesamte Leben. Meist sind fast alle Lebensbereiche betroffen und die Lebenseinstellung ist negativ. Man ist chronisch gedrückter Stimmung und es läuft vieles nicht so, wie man gerne möchte. Man hat leicht das Gefühl, die ganze Welt sei gegen einen. Gute Gelegenheiten werden zu spät oder nicht erkannt. Man ist zur falschen Zeit am falschen Ort. Bei Personen, die unter Süchten, Depressionen oder chronischen Krankheiten leiden, liegt mit großer Wahrscheinlichkeit eine massive PU vor. Man hat das Grundgefühl, gegen Windmühlen zu rennen oder immer nur durch Kampf etwas zu erreichen. Das Leben fühlt sich anstrengend an.

Wenn Sie sich in dieser Beschreibung wiedererkennen, liegt bei Ihnen vermutlich eine solche PU vor. Massieren Sie dann alle ein bis zwei Stunden sanft den Wunden Punkt (WP) und sprechen dazu dreimal laut und enthusiastisch den Satz: »Ich liebe und akzeptiere mich voll und ganz, mit all meinen Problemen und Einschränkungen.«

Das hört sich jetzt sehr aufwändig an und Sie stöhnen vielleicht, wie Sie das auch noch in Ihren Alltag integrieren sollen. In dieser Situation ist es aber sehr wichtig, das Leben insgesamt anzusprechen, um diese Blockierung zu lösen. Glauben Sie mir, die Übung lässt sich leicht in den Tagesablauf einbauen. Wenn Sie den Satz einmal auswendig können, ist das jeweils nur ein Aufwand von einer Minute.

Es kann sein, dass es Ihnen anfangs schwer fällt, diesen Satz überhaupt auszusprechen. Vielleicht kommen Ihnen sogar die Tränen dabei. Dies würde bedeuten, dass Sie sich selber mit Ihren Schwächen schlecht akzeptieren können, sich wahrscheinlich innerlich häufig verurteilen und sehr streng mit sich sind. Um so wichtiger ist es, diese PU zu korrigieren. Dabei müssen Sie den Satz nicht glauben. Spielen Sie ruhig ein wenig Theater. Schon nach ein paar Tagen werden Sie feststellen, dass Sie großzügiger und liebevoller mit sich selbst werden.

Wenn Sie den Satz nicht laut sprechen können, weil andere um Sie herum sind, denken Sie ihn einfach enthusiastisch, das funktioniert auch. Der Aufwand lohnt sich. Es braucht nur eine Minute alle ein bis zwei Stunden, verhindert aber, dass Sie fortwährend gegen die geschlossene Tür laufen.

Massive Selbstwert-PU   2.4.3

Eine wichtige und häufige Unterform der massiven PU ist die massive Selbstwert-PU. Auch diese Tür ist sehr groß und steht auch am Anfang Ihres Weges zur Heilung. Ihr liegt die (unbewusste) Überzeugung zugrunde, man habe es nicht verdient, glücklich zu sein. Wenn man die Tendenz hat, generell zu viel Verantwortung zu übernehmen, auch solche, die man gar nicht hätte, es allen recht machen zu wollen, ein großes Harmoniebedürfnis hat, immer zuerst schaut, dass es allen anderen gut geht, bevor man an sich denkt, schnell ein schlechtes Gewissen hat etc. kann man davon ausgehen, dass diese PU vorliegt.

Wir werden im Rahmen der Erörterung, wie beim Burnout-Syndrom konkret vorzugehen ist, nochmals auf diese PU zurückkommen, weil sie meiner Erfahrung nach beim Burnout-Syndrom immer vorliegt.

Bei dieser PU wird ebenfalls für mehrere Wochen alle ein bis zwei Stunden geklopft. Hier auf den Punkt unter Lippe (UL). Dazu wird dreimal laut und enthusiastisch der Satz gesprochen (oder gedacht): »Auch wenn ich es nicht verdiene, glücklich zu sein, liebe und akzeptiere ich mich voll und ganz.«

Auch hier ist es nicht nötig, dass Sie glauben, was Sie sagen. Hauptsache ist, Sie sagen es. Notfalls tun Sie so, als ob. Sie werden merken, dass Ihnen der Satz gut tut.

Diese Anwendungen müssen über einen längeren Zeitraum von etwa zwei bis drei Monaten gemacht werden, weil sich die Polaritätsumkehr anfangs nach kurzer Zeit wiederherstellt. Sinnbildlich drehen sich die Batterien automatisch in die verdrehte Position zurück. Erst mit der Zeit gewöhnen sie sich daran, richtig gepolt liegen zu bleiben. Je mehr Zeit pro Tag die Batterien richtig gepolt sind, umso besser werden Sie sich fühlen. Sie können es gar nicht zu häufig machen.

| 2.4.4 | Tiefsitzende PU |

Diese PU ist auf ein Problem bezogen, bei dem Sie unbewusst davon überzeugt sind, es sowieso nie lösen zu können. Bei allen anderen funktioniert es, nur bei Ihnen nicht. Vielleicht haben Sie auch schon sehr viel versucht und nichts hat bis jetzt funktioniert und Sie glauben, Sie werden das Problem für immer haben. Diese PU ist also auf die Zukunft bezogen. Sie kann sich dadurch bemerkbar machen, dass sich die Aspekte eines Problems nur äußerst schwerfällig oder gar nicht bearbeiten lassen oder dass Sie Hoffnungslosigkeit spüren, wenn sie an das Problem denken.

Klopfen Sie vor dem nächsten Klopfdurchgang den Punkt unter Nase (UN) mit dem Satz: »Auch wenn ich *[Problem]* nie lösen werde, akzeptiere ich mich voll und ganz.«

Danach fahren Sie mit dem normalen EFT-Ablauf fort.

| 2.4.5 | Problemspezifische Selbstwert-PU |

Diese PU bezeichnet die Heilblockade, dass man es nicht verdient hat, das Problem zu lösen. Sie ist sozusagen die kleine Schwester der PU »Ich verdiene es nicht, glücklich zu sein.« Wenn Sie die klopfen oder wenn es generell zu langsam vorwärts geht, lohnt es, den Punkt unter Lippe (UL) zu klopfen und dazu dreimal den Satz zu sagen: »Auch wenn ich nicht verdiene *[Problem]* zu lösen, liebe und akzeptiere ich mich voll und ganz.«

Danach machen Sie mit dem normalen EFT-Ablauf weiter.

Mini-PU 2.4.6

Diese PU zeigt sich im Verlauf des Klopfens, indem sich der Wert auf der Stress-Skala nur bis Vier oder Fünf senken lässt. Dann stagniert die Wirkung.

Wenn das bei einem Aspekt, den Sie bearbeiten, geschieht, korrigieren Sie diese Mini-PU indem Sie den Handkantenpunkt (HK) klopfen und dazu dreimal den Satz sprechen: »Auch wenn ich *[Problem]* nicht vollständig überwinden kann, liebe und akzeptiere ich mich voll und ganz.«

Danach machen Sie mit dem normalen EFT-Ablauf an der Stelle weiter, wo Sie stecken geblieben waren.

Praktische Durchführung 2.5

Der EFT-Ablauf im Detail 2.5.1

Das Klopfen erfolgt mit mindestens zwei Fingern jeder Hand, zum Beispiel Zeig- und Mittelfinger oder Mittel- und Ringfinger. Punkte, die symmetrisch auf beiden Körperseiten liegen, werden gleichzeitig geklopft. Klopfen Sie nur so stark, dass Sie ein leichtes Kribbeln verspüren, wenn Sie aufhören.

Bei den Punkten am Rumpf empfiehlt es sich, mit allen vier Fingerspitzen zu klopfen, weil dadurch zusätzlich die Punkte an den Fingerspitzen stimuliert werden.

Wenn Sie während des Klopfens sitzen, halten Sie die Beine nicht überkreuzt. Sie können beim Klopfen auch stehen oder umhergehen.

Trinken Sie vorher ein Glas Wasser. Eine reichliche Versorgung des Körpers mit Wasser ist bei allen energetischen Therapien sehr wichtig.

Formulieren Sie die Sätze in Ihrer Muttersprache. Wenn Sie mehrsprachig sind, in der Sprache, in der Sie denken und träumen. Formulieren Sie die Sätze, wie Ihnen »der Schnabel gewachsen ist«. Die EFT-Anwendung ist keine Deutschstunde.

Schritt 1: Aspekt benennen und in Kontakt damit treten

Ein Problem hat gewöhnlich mehrere Aspekte. Deshalb besteht der erste Schritt darin, den Aspekt festzulegen, den Sie klopfen wollen. Es ist wichtig, möglichst ehrlich, genau und spezifisch zu benennen, was Sache ist.

Es geht also nicht darum, etwas möglichst positiv zu formulieren, sondern genau so, wie es ist. Das kann am Anfang etwas schwierig erscheinen, da Sie sich vielleicht im Alltag sehr bemühen, positiv zu denken, und das jetzt auf den ersten Blick nicht in Ihr Konzept passt. Es geht hier darum, die Dinge möglichst ehrlich beim Namen zu nennen, damit die Energiestörung richtig geortet wird und auch aufgelöst werden kann. Die Energiestörung ist das Problem und nicht der angestrebte positive Zustand und da braucht es die richtige Adresse, um das Problem aufzulösen.

Beispiel: Sie haben morgen eine wichtige Sitzung im Geschäft, vor der Sie Angst haben und auch ein unangenehmes Gefühl im Magen. Sie können sich noch genau erinnern, dass bei der letzten Sitzung die Hölle los war und Sie nachher die ganze Nacht nicht schlafen konnten. Vor was *genau* haben Sie Angst? Angst, nicht gut vorbereitet zu sein? Angst, nicht zu genügen? Angst, dass der Chef rumbrüllt? Angst, dass Sie sich blamieren? Angst, wieder zu viel Arbeit aufgebrummt zu bekommen? Angst, wenn alle Blicke auf Sie gerichtet sind? Angst, die Worte nicht zu finden? Angst, dass Ihre Arbeit verrissen wird? Und so weiter.

Durch dieses Hinterfragen finden Sie verschiedene Aspekte, die geklopft werden sollten. Sie erinnern sich vielleicht, dass Sie nicht schlafen konnten, als bei der letzten Sitzung die Hölle los war. Oder Sie entdecken wegen der Sitzung morgen ein unangenehmes Gefühl im Magen. Sie registrieren die konkrete Angst, die Sie akut haben, zum Beispiel, dass der Chef wieder rumbrüllt. Merken Sie sich alle diese Aspekte oder schreiben sie auf. Dann wählen Sie einen Aspekt aus, den Sie klopfen wollen, und fahren mit dem nächsten Schritt fort.

Als Beispiel nehmen wir den Aspekt: »Die Hölle bei der letzten Sitzung.«

Schritt 2: Bewerten der Intensität des Aspektes

Fühlen Sie sich in den Aspekt ein, den Sie verändern wollen, und bewerten auf einer Skala von Null bis Zehn seine Intensität, wobei Null die Abwesenheit der Emotion oder des Gedankens bedeutet und Zehn das Maximum. Diese Skala nenne ich von jetzt an Stress-Skala.

Bei der Bewertung der Intensität gibt des kein Richtig oder Falsch, es geht vielmehr darum, eine Kontrolle zu haben, wie der Prozess verläuft, also ob und wie die Intensität abnimmt und dass sie bei Null angekommen ist. Es geht also nicht um eine korrekte Bestimmung, sondern um Ihre subjektive Einschätzung des Problemaspekts in diesem Moment. Anfangs kann es etwas ungewohnt oder sogar schwierig erscheinen, diese Einstufung vorzunehmen, aber das legt sich mit der Zeit.

Sollten Sie die Intensität nicht spüren, ist das überhaupt nicht schlimm. Versteifen Sie sich nicht darauf. Manche sehen einfach vor ihrem geistigen Auge eine Skala, auf der die aktuelle Zahl aufleuchtet, oder sie hören die Zahl oder wissen sie einfach. Sollten Sie Mühe haben, die Intensität festzulegen, raten Sie einfach, das funktioniert ebenfalls gut.

Je perfektionistischer Sie veranlagt sind und je mehr Sie generell Angst haben, etwas falsch zu machen, desto größer ist meiner Erfahrung nach das Problem mit der Bestimmung der Intensität. Man hat dann ganz einfach Angst, dass die Methode nicht funktioniert, wenn man etwas falsch macht und nicht die ›richtige‹ Zahl nennt.

Wenn Sie dieser Schritt sehr irritiert, können Sie das zum Klopfthema machen und diese Angst auflösen. Dieser Perfektionismus könnte verhindern, dass Sie EFT anwenden, und das wäre äußerst schade.

Die Einstufung dient dazu, den Verlauf der Anwendung sichtbar zu machen. Wenn Sie einen Aspekt beispielsweise mit Acht einstufen, ist Ihre Motivation zu klopfen groß. Wenn die Intensität gesunken ist, vielleicht auf Drei oder Vier, sinkt auch die Motivation und man ist geneigt aufzuhören. Die Energiestörung ist aber noch vorhanden und es ist nur eine Frage der Zeit, bis sie wieder größer wird.

Passen Sie die Formulierung der jeweiligen Intensität an. Bei Sieben bis Zehn können Sie eine Verstärkung einfügen wie: sehr, riesig, extrem, Mega etc. Bei Eins bis Drei können Sie die Intensität durch Formulierungen wie: ein bisschen, wenig, noch ein Rest etc. ausdrücken.

Schritt 3: Korrektur einer eventuell vorhandenen PU

Dieser Schritt wird auch Setup genannt, also Vorbereitung. Beim Standard-EFT wird bei dieser Korrektur nur der Hand-

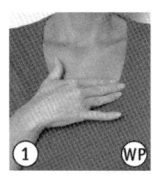

kantenpunkt (HK) geklopft, während der Satz dreimal gesprochen wird. Das können Sie auch so machen, wenn Sie wollen. In meiner Praxis hat es sich bewährt, drei verschiedene Punkte zu nehmen und den Satz zu jedem Punkt einmal zu sprechen.

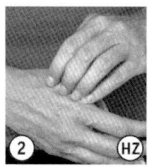

1 den Wunden Punkt (WP) massieren

2 Handkante Zeigefingerseite, der Daumen liegt dabei in der Handfläche (HZ)

3 Handkantenpunkt (HK)

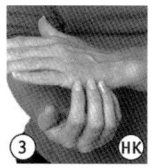

Sprechen Sie den Satz immer mit Enthusiasmus und Energie, das unterstützt die Korrektur sehr.

Beispiel

Den Wunden Punkt sanft massieren und dazu den Satz sagen: »Auch wenn die letzte Sitzung für mich die absolute Hölle war, liebe und akzeptiere ich mich voll und ganz.«

Die Handkante auf der Zeigefingerseite klopfen: »Auch wenn die letzte Sitzung für mich die absolute Hölle war, liebe und akzeptiere ich mich voll und ganz.«

Den Handkantenpunkt klopfen: »Auch wenn die letzte Sitzung für mich die absolute Hölle war, liebe und akzeptiere ich mich voll und ganz.«

Wenn eine PU vorhanden war, ist sie jetzt korrigiert.

param

Schritt 4: Klopfen weiterer Punkte mit dem Erinnerungssatz

Nun wird der Satzteil: »... liebe und akzeptiere ich mich voll und ganz«, weggelassen und nur noch ein Erinnerungssatz gesprochen. Bei jedem Punkt sprechen Sie diesen einmal. Die Punkte unter Nase (UN) und unter Lippe (UL) können Sie der Einfachheit halber gleichzeitig klopfen.

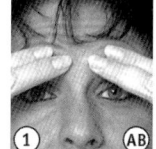

Die Reihenfolge, in der Sie die Punkte klopfen, ist nicht zwingend. Der Einfachheit halber ist es gut, sich an die gegebene Reihenfolge zu halten, aber wenn Sie etwas vertauschen, ist das nicht so schlimm. Sie können nichts falsch machen.

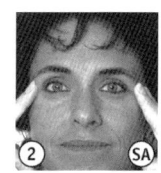

Die elf Klopfpunkte sind

1 Augenbrauenpunkt (AB): am Ansatz der Augenbrauen an der Nasenwurzel

2 seitlich Auge (SA): neben dem äußeren Augenwinkel auf dem Knochen

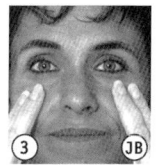

3 Jochbeinpunkt (JB): in der Mitte unter dem Auge, auf dem Jochbein

4 Punkt unter Nase (UN): zwischen Nase und Oberlippe

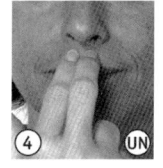

5 Punkt unter Lippe (UL): in der Mitte zwischen Unterlippe und Kinnspitze, im Grübchen

6 Schlüsselbeinpunkt (SB): in der Mulde unter dem Schlüsselbein, dort wo Brustbein, Schlüsselbein und erste Rippe zusammenkommen

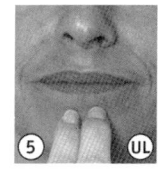

7 Rippenpunkt (RP): unter der Brustwarze in Höhe der Brustfalte

8 Punkt unter Arm (UA): auf der seitlichen ›Körpernaht‹, bei Männern auf Höhe der Brustwarzen, bei Frauen auf Höhe des BH

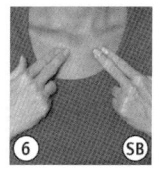

9 Handgelenksfalte (HF): die Falte die sich ergibt, wenn Sie die Hand zum Arm hinbeugen.

10 Handkantenpunkt (HK): auf der äußeren Handkante, mit der man einen Karateschlag machen würde

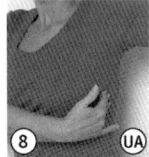

11 Kopfpunkt (KP): auf der höchsten Stelle des Kopfes

Klopfen Sie jeden Punkt etwa vier bis sechs Mal und sprechen dazu jeweils den Erinnerungssatz. In unserem Beispiel also: »Die letzte Sitzung war die Hölle.«

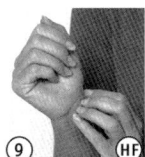

Halten Sie Ihren Fokus, Ihre Energie auf den Aspekt gerichtet. Deshalb ist es auch besser, den Erinnerungssatz zu sprechen, statt nur zu denken, weil durch das Sprechen keine anderen Gedanken dazwischen kommen und es wichtig ist, die Energiestörung (den Aspekt), die Sie auflösen wollen, im Bewusstsein zu halten, und nicht irgend etwas anderes.

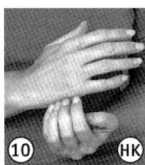

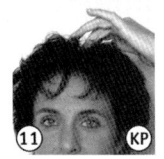

Schritt 5: Neun-Gamut-Folge

Diese Sequenz weckt Ihr gesamtes Gehirn, denn jede der neun kleinen Aufgaben aktiviert einen anderen Bereich Ihres Gehirns. Außerdem sind belastende Erinnerungen und negative Emotionen häufig an Augenstellungen gekoppelt. Das heißt, es kann vor allem beim Kreisen mit den Augen an bestimmten Stellen schwer fallen. Man kann dort sprichwörtlich nicht hinschauen. Wenn Sie das bemerken, bleiben Sie mit den Augen einen Moment an dieser Stelle und sprechen den Erinnerungssatz, bevor Sie weitermachen. Diese Gehirnharmonisierung kann auch neue Aspekte ins Bewusstsein rufen.

Halten Sie während der Übung den Kopf gerade und bewegen ihn nicht. Die Bewegungen werden nur mit den Augen durchgeführt. Die ganze Zeit über klopfen Sie den Serienpunkt (SP) und sprechen den Erinnerungssatz (»Die letzte Sitzung war die Hölle.«).

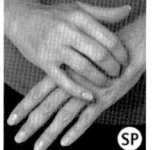

Der Serienpunkt liegt auf dem Handrücken zwischen dem kleinen und dem Ringfinger etwa auf halber Strecke von den Fingerknöcheln bis zum Handgelenk.

1   Augen schließen
2   Augen öffnen
3   scharf nach links unten schauen, wieder zurück zur Mitte
4   scharf nach rechts unten, wieder zurück zur Mitte
5   auf die Position 12 Uhr schauen und von da aus einen möglichst großen Kreis im Uhrzeigersinn durchlaufen; schauen Sie im Geist den Zahlen einer riesigen Uhr nach
6   das gleiche gegen den Uhrzeigersinn
7   ein paar verschiedene Töne summen
8   schnell von Eins bis Fünf zählen
9   nochmals ein paar Töne summen

Schritt 6: Erneutes Bewerten der Intensität

Nun bewerten Sie die Intensität auf der Skala von Null bis Zehn neu. Normalerweise sinkt die Intensität um ein paar Punkte pro Klopfrunde.

Nun formulieren Sie den Satz entsprechend der veränderten Intensität neu.

In unserem Beispiel bei Zehn bis Sieben vielleicht: »Auch wenn die letzte Sitzung die Hölle war, liebe und akzeptiere ich mich voll und ganz.«

Bei Sechs bis Vier etwa: »Auch wenn die Erinnerung an die letzte Sitzung immer noch schlimm für mich ist, liebe und akzeptiere ich mich voll und ganz.«

Und bei Drei bis Eins vielleicht: »Auch wenn die Erinnerung an die letzte Sitzung immer noch ein bisschen unangenehm für mich ist, liebe und akzeptiere ich mich voll und ganz.«

Oder nehmen wir die Angst, dass der Chef wieder rumbrüllt.

Bei Zehn bis Sieben: »Auch wenn ich Panik habe, dass der Chef morgen in der Sitzung wieder rumbrüllt,...

Bei Sechs bis Vier: »Auch wenn ich immer noch Angst habe, dass der Chef morgen in der Sitzung wieder rumbrüllt,...

Bei Drei bis Eins: »Auch wenn ich noch ein bisschen Angst habe, dass der Chef morgen in der Sitzung wieder rumbrüllt,...

... liebe und akzeptiere ich mich voll und ganz.«

> Wiederholen Sie die Schritte 2 bis 6, bis die Intensität des Aspektes auf Null ist. Wenn Sie sich bei der Intensitätsbeurteilung lange fragen müssen, ob der Wert jetzt auf Null ist, dann ist er es vermutlich noch nicht und Sie klopfen zur Sicherheit nochmals eine Runde. Wenn der Wert auf Null ist, merkt man das meist sofort.

Schritt 7: Stabilisierung

Wenn der Wert auf Null ist oder eventuell auch noch auf Eins oder Zwei, können Sie folgende Übung zur Stabilisierung machen.

Während Sie an den Aspekt denken, klopfen Sie den Serienpunkt. Halten Sie den Kopf gerade und schauen mit den Augen langsam vom Boden zur Decke, lassen Sie sich dafür etwa sieben bis zehn Sekunden Zeit.

> Mit diesen sieben Schritten können Sie nun alle Aspekte eines Problems bearbeiten.

2.5.2	Formulieren der Aspekte

Noch kurz ein paar Worte, wie Sie die Sätze formulieren können. Halten Sie sich nicht zu lange mit dem Formulieren der Sätze auf. Sie können dabei nichts falsch machen. Wenn Sie sich fünf Minuten überlegen, wie Sie den Aspekt genau formulieren sollen, hätten Sie in dieser Zeit schon zwei Varianten klopfen können. Und weil Sie während des Klopfens ein erweitertes Bewusstsein haben, wird es Ihnen dabei in den Sinn kommen, wenn der Satz nicht ganz passend ist und wie der belastende Aspekt treffender zu formulieren wäre. Das Hauptproblem liegt meist darin, dass die Sätze zu abgeschwächt und beschönigt formuliert werden.

Ein Beispiel: Ihr Chef hat Sie wirklich fast auf die Palme gebracht und innerlich denken Sie, so ein Idiot. Wenn Sie dann klopfen, dass er Sie genervt hat, wird das wenig Wirkung haben. Deshalb nehmen Sie genau das, was Sie denken, nämlich: »Auch wenn mein Chef ein Idiot ist, liebe und akzeptiere ich mich voll und ganz.«

Wenn die Intensität sinkt   2.5.3

Wenn die Intensität sinkt, fühlt sich das am Anfang so an, als ob das Thema weiter weg ist, man kann sich schlechter daran erinnern, kann das Gefühl nicht mehr so gut ›holen‹, es wird unwichtiger und man muss vielleicht sogar über sich selbst schmunzeln, oder man hat das Gefühl, dass es ja gar nie so richtig ein Problem war. Vor ein paar Minuten war aber die Situation sehr dramatisch und der hohe Stress-Wert konnte sofort angegeben werden. Nun weiß man es bereits nicht mehr. Nicht selten passiert es dann, dass man sich nicht einmal mehr erinnert, das Problem jemals gehabt zu haben. Gleichzeitig werden Sie automatisch eine positive Motivation bei dem Thema entwickeln.

Die Wirkung überprüfen   2.5.4

Am Schluss, wenn ein Aspekt auf der Skala auf Null ist, dürfen Sie sich ruhig bemühen, die Emotion oder den Gedanken wieder zu ›holen‹. EFT ist keine Verdrängungstherapie. Meist wird es Ihnen trotz großer Anstrengung nicht mehr gelingen, die belastende Emotion wieder zu holen. Wenn doch, dann klopfen Sie einfach nochmals eine Runde mit dem Gedanken, mit dem Sie die Emotion wieder geholt haben.

Situation in der Zukunft vorstellen

Wenn Sie etwas geklopft haben, das Sie nicht sofort überprüfen können, dann stellen Sie sich in allen Einzelheiten vor,
wie die Situation, die Sie geklopft haben, das nächste Mal sein
wird. In unserem Beispiel stellen Sie sich vor, wie Sie sich in
der morgigen Sitzung fühlen werden. Wie ist es, wenn Sie sich
vorstellen, dass Ihr Chef wieder herumbrüllt? Was könnte er
noch tun oder sagen, das Ihnen Stress bereiten würde?

Ihre Antwort sollte ganz eindeutig sein, dass Sie sehen,
wie Sie ruhig bleiben. Wenn Sie das Schauspiel wie von außen
betrachten, müssen Sie jetzt vielleicht sogar schmunzeln. Sie
spüren, das Verhalten Ihres Chefs ist sein Problem und hat mit
Ihnen nichts zu tun.

Gehen Sie auf diese Weise verschiedene mögliche Stress-
Situationen durch und prüfen, ob Sie noch etwas finden, das
Ihnen in der Vorstellung ein Unbehagen bereitet. Wenn ja,
klopfen Sie es.

Körperliche Empfindungen überprüfen

Bei einigen Aspekten, die Sie klopfen, werden Sie feststellen, dass die negative Emotion oder der negative Gedanke von
einer körperlichen Missempfindung begleitet ist, zum Beispiel
einem Druck im Magen, Druck oder Nebelgefühl im Kopf, einem Kloß im Hals, Schweißausbrüchen, Herzklopfen, einem
Schweregefühl in einem Körperteil, Zittern, Schwäche oder
irgendeiner anderen Empfindung.

Überprüfen Sie deshalb die Aspekte, die Sie klopfen, auch
darauf, ob noch irgendeine körperliche Missempfindung vorhanden ist, wenn Sie daran denken. Klopfen Sie dann auch
noch diese Missempfindung.

Zum Beispiel: »Auch wenn ich immer noch einen leichten
Druck im Stirnbereich habe, wenn ich an *[Aspekt]* denke, liebe
und akzeptiere ich mich voll und ganz.«

Schritt 1: Aspekt benennen und in Kontakt treten

Legen Sie den Aspekt fest, den Sie klopfen wollen. Es ist sehr wichtig, möglichst genau, spezifisch und ehrlich zu benennen, was Sache ist.

Schritt 2: Bewerten der Intensität des Aspekts, Stress-Skala

Bewerten Sie die emotionale oder gedankliche Intensität auf einer Skala von Null bis Zehn. Null bedeutet Abwesenheit der Emotion, Zehn ihr absolutes Maximum.

Schritt 3: Korrektur einer eventuell vorhandenen PU

1   Den Wunden Punkt (WP) massieren und dabei enthusiastisch den Satz sprechen: »Auch wenn *[Problem],* liebe und akzeptiere ich mich voll und ganz.« Zum Beispiel: »Auch wenn ich eine tierische Wut im Bauch habe, liebe und akzeptiere ich mich voll und ganz.«

2   Die Handkante auf der Zeigefingerseite (HZ) klopfen und den Satz ein zweites Mal sprechen.

3   Den Handkantenpunkt (HK) klopfen und den Satz ein drittes Mal sprechen.

Schritt 4: Klopfen der Punkte mit dem Erinnerungssatz.

Klopfen Sie die Punkte in der angegebenen Reihenfolge vom Punkt Augenbraue (AB) bis zum Kopfpunkt (KP) etwa vier bis sechs Mal und wiederholen Sie laut bei jedem Punkt das Problem in Kurzform, zum Beispiel: »Meine Wut.«

Schritt 5: Neun-Gamut-Abfolge

Der Serienpunkt (SP) wird fortlaufend geklopft, während Sie die Neun-Gamut-Folge durchführen und gleichzeitig den Erinnerungssatz sprechen.
Augenbewegungen (Kopf bleibt gerade):

1 Augen schließen
2 Augen öffnen
3 scharf nach links unten schauen
4 scharf nach rechts unten schauen
5 einen großen Kreis im Uhrzeigersinn beschreiben
6 das gleiche gegen den Uhrzeigersinn
7 ein paar verschiedene Töne summen
8 schnell von Eins bis Fünf zählen
9 nochmals ein paar Töne summen
   Tief ein- und ausatmen

Schritt 6: Erneutes Bewerten der Intensität

Nun bewerten Sie die Intensität auf der Skala von Null bis Zehn erneut. Ist sie bei Zwei oder geringer, gehen Sie zu Schritt 7. Liegt sie darüber, wiederholen Sie den Ablauf mit einem neuen Satz. Der Satz sollte jeweils der Intensität angepasst sein.

Schritt 7: Stabilisierung

Liegt der Wert auf der Skala bei Zwei oder tiefer, klopfen Sie den Serienpunkt (SP) und schauen mit den Augen langsam vom Boden zur Decke (10 Sekunden). Der Kopf bleibt auch dabei gerade und bewegungslos. Das stabilisiert das Ergebnis oder löst den letzten Rest auf.

Nachdem auf diese Weise ein Aspekt gelöst ist, können Sie sich ggf. einem weiteren zuwenden, also wieder bei Schritt 1 beginnen.

2.6 Wie Sie ein Problem mit EFT bearbeiten können

EFT ist eine universelle Methode, die Sie nicht nur im Zusammenhang mit dem Thema Burnout nutzen können. Generell gilt: Wenden Sie EFT bei allem an, was Sie belastet. Versuchen Sie es mit allem. Es lohnt sich.

Perlenkette

Es ist nicht ungewöhnlich, dass einem während des Klopfens etwas völlig anderes in den Sinn kommt, zum Beispiel eine Situation, in der man sich auch schon so gefühlt hat oder eine Kindheitserinnerung, vielleicht auch ein völlig anderes Gefühl oder ein ganz anderes Thema. Wenn das während des Klopfens geschieht, ist es sehr effizient und wichtig, dies als nächsten Aspekt zum Klopfen zu nehmen. Wir speichern im Gehirn alles in Assoziationsketten ab, die mit dem nüchternen Verstand betrachtet oft keinen Sinn machen. Wenn Sie diesen Assoziationen folgen, wie bei einer Perlenkette von Perle zu Perle, werden Sie ein Thema oftmals tiefgreifend lösen. EFT löst diese Assoziationsverkettungen sofort auf. Während des Klopfens sind Sie außerdem in einem erweiterten Bewusstsein und was Ihnen in diesem Zustand in den Sinn kommt, ist immer relevant. Gewöhnen Sie sich an, diese Einfälle sofort aufzuschreiben, denn erfahrungsgemäß können diese sehr schnell wieder verschwinden, auch wenn man das Gefühl hat, es sei sonnenklar. Nehmen Sie dann diesen neuen Aspekt als nächsten, um ihn aufzulösen.

Alltagssituationen

Es lohnt sich, all die kleinen Alltagswidrigkeiten wahrzunehmen und zu klopfen. Jede einzelne für sich mag gering erscheinen, aber in der Summe rauben sie Ihnen eine beträchtliche Menge an Lebensenergie. Für viele Stress-Situationen im Alltag werden wenige Klopfrunden genügen, um den Stress aufzulösen.

Eine vergangene Situation klopfen

Wenn Sie eine belastende Erinnerung klopfen, legen Sie die Intensität auf der Skala fest, wie Sie es schon kennen. Falls Sie heute noch einen Stress spüren, formulieren Sie den Satz in der Gegenwartsform. Zum Beispiel: »Auch wenn ich mich schä-

me, dass ich in der dritten Klasse beim Aufsagen eines Gedichts ausgelacht wurde, liebe und akzeptiere ich mich voll
und ganz.«

Falls Sie zum jetzigen Zeitpunkt keine Intensität mehr wahrnehmen, denken Sie daran, wie es damals war, bestimmen den
Wert, wie der Stress damals war, und formulieren in der Ver-
gangenheitsform: »Auch wenn ich mich in der dritten Klasse
geschämt habe, dass ich beim Aufsagen eines Gedichts ausgelacht wurde, liebe und akzeptiere ich mich voll und ganz.«

Sie werden beim Klopfen merken, wie sich die Situation in
Ihrer Erinnerung verändert, bis sie schließlich neutral ist.

2.6.4	Mit EFT ein Lebensthema angehen

Wenn Sie einige einfachere Probleme mit EFT gelöst haben,
können Sie auch ein Lebensthema angehen. Klopfen Sie zuerst
alle Aspekte, die Ihnen dazu spontan einfallen, so wie Sie es
schon kennen. Vielleicht fühlt sich danach ein Thema bereits
gelöst an.

Für den Fall, dass es nicht so ist, werde ich Ihnen hier
Hilfestellungen in Form von Fragen geben. Sie helfen Ihnen,
zusätzliche Aspekte eines Lebensthemas zu finden, an die Sie
spontan vielleicht nicht denken, die aber damit zusammen-
hängen können. Die so gefunden Aspekte ermöglichen Ihnen,
das Thema tiefgreifend zu bearbeiten.

Es werden nicht alle der folgenden Hilfestellungen notwendig sein. Ihre Antwort auf die jeweilige Frage, ist jeweils ein
Aspekt, den Sie klopfen können. Lassen Sie sich beim Lesen
inspirieren und klopfen Sie das, was Sie anspricht, bis sich das
Thema gelöst anfühlt.

▓ Schämen Sie sich, dass Sie das Problem haben? Wenn ja,
warum?
▓ Fühlen Sie sich schuldig, dass Sie das Problem haben? Ihnen selbst oder einer anderen Person gegenüber?
▓ Warum könnten Sie das Problem haben? Bei der Beantwor-
tung dieser Frage geht es nicht darum, die ›richtige‹ Ant-

wort zu finden, sondern alle Vernetzungen aufzulösen, die in Ihrem Gehirn zu diesem Thema abgespeichert sind. Zum Beispiel, Sie haben immer wieder Migräne. Auf die Frage warum, könnten Sie folgende Antworten geben:

»Weil das in unserer Familie alle Frauen haben.«

»Auch wenn ich Migräne habe, weil das in unserer Familie alle Frauen haben, liebe und akzeptiere ich mich voll und ganz.«

»Immer wenn es föhnig ist.«

»Auch wenn ich Migräne habe, wenn es föhnig ist, liebe und akzeptiere ich mich voll und ganz.«

»Immer wenn ich Ruhe möchte.«

»Auch wenn ich Migräne habe, wenn ich meine Ruhe will, liebe und akzeptiere ich mich voll und ganz.«

»Immer wenn ich unter Druck stehe.«

»Auch wenn ich Migräne habe, immer wenn ich unter Druck stehe, liebe und akzeptiere ich mich voll und ganz.«

- Welche Kindheitserinnerungen sind Ihnen bewusst, die im Zusammenhang mit dem Problem stehen?
- Wenn es eine tiefere Emotion gäbe, die diesem Problem zugrunde liegt, welche könnte das sein? Zum Beispiel Trauer, Einsamkeit, Wertlosigkeit, Schwermut oder irgendeine andere Emotion, die Sie latent häufig haben.
- Was könnte dagegen sprechen, das Problem endgültig zu lösen? Zum Beispiel: »Ich schaffe es sowieso nicht«; »Andere sind gegen mich«; »Die Wirtschaftslage ist schlecht«; »Ich habe das Problem ja schon immer«; »Es ist halt einfach so.«
- Wenn Sie Ihr Leben nochmals leben könnten, welche Situationen und Personen kämen nicht mehr darin vor? Die Antwort auf diese Frage gibt Ihnen Hinweise auf noch zu lösende Aspekte, die eventuell mit dem aktuellen Thema verknüpft sein könnten.

Sollten Sie keine Antworten finden oder sich die Antwort geben: »Ich weiß es nicht«, dann raten Sie einfach, was sein könnte. Das funktioniert auch sehr gut.

Ich empfehle Ihnen außerdem, ein Klopftagebuch zu führen, in das Sie Aspekte aufschreiben und geklopfte Sätze notieren. So können Sie nachschauen, ob Sie etwas schon einmal bearbeitet haben und wie. Wenn Sie die Eintragungen datieren, ist es später spannend zurückzublättern und nachzulesen, wie Sie sich verändert haben, und Probleme verschwunden sind, an die Sie sich kaum noch erinnern.

2.7   Vorgehen bei körperlichen Problemen

Gehen Sie bei Schmerzen oder körperlichen Symptomen immer zuerst zum Arzt und beginnen danach mit EFT.

1   Stress auflösen

Wenn man krank ist und Schmerzen hat, löst das bei den meisten relativ starke Emotionen aus wie Trauer, Angst oder Ärger oder Sie können es gar nicht benennen und sagen einfach Stress. Der erste Schritt in der Vorgehensweise bei körperlichen Problemen ist daher immer das Auflösen dieses Stresses. Wenn man diesen Schritt weglässt, lässt sich erfahrungsgemäß das körperliche Symptom schlecht beeinflussen, weil dieser Stress immer im Weg ist. Wenn dieser Stress hingegen aufgelöst ist, hat sich das Symptom meist auch schon verbessert.

2   Das Symptom benennen

Benennen Sie den Schmerz oder das körperliche Symptom ganz genau. Stellen Sie sich vor, Sie sind beim Arzt und müssen diesem erklären, wo der Schmerz sitzt, wie genau er sich ausdrückt und wann er auftritt. Der Arzt will es ganz genau wissen. Bilder eignen sich sehr gut: »Auch wenn ich beim Aufstehen stechende Schmerzen im rechten Kreuz habe, wie wenn jemand mit einem Messer hinein sticht, liebe und akzeptiere ich mich voll und ganz.«

3 Verfolgen Sie den Schmerz

Je präziser Sie es formulieren können, desto schneller verändert sich der Schmerz. Seine Intensität kann sich verändern, vielleicht zunächst sogar stärker werden. Der Schmerz kann auch wandern. Das ist eine Art Perlenkette im körperlichen Bereich. Lassen Sie sich nicht verunsichern und folgen Sie dem Schmerz hartnäckig. Richten Sie den Fokus immer wieder auf die neue schmerzhafte Stelle und beschreiben Sie präzise, wie und wo der Schmerz ist.

Wenn der Schmerz im Moment gelöst ist, Sie aber wissen, dass er wieder da sein wird, sobald Sie zu Hause lange am Computer sitzen, klopfen Sie auch das, so wie sich das in Ihrer Vorstellung abspielt. Nehmen Sie wahr, wie sich Ihre Vorstellung verändert, und passen die Sätze an die veränderte Vorstellung an.

> Meist werden diese drei Schritte genügen, um ein körperliches Problem oder einen Schmerz aufzulösen. Wenn nicht, machen Sie mit Schritt 4 weiter.

4 Was steckt dahinter?

Wenn eine körperliche Beschwerde nicht durch einfaches Klopfen der Symptome verschwindet, können Sie

a   folgende Sätzen klopfen:

- »Auch wenn ich nicht weiß, was *[Symptom]* bedeutet, liebe und akzeptiere ich mich voll und ganz.«
- »Auch wenn ich nicht weiß, was der Schmerz mir sagen möchte, liebe und akzeptiere ich mich voll und ganz.«

b   sich folgende konkrete Fragen stellen:

- Welches emotionale Problem könnte der Auslöser für die körperliche Beschwerde sein?

- Wann hatten Sie diese körperlichen Symptome zum ersten Mal und mit welchen emotionalen Themen haben Sie sich kurz vor diesem Zeitpunkt auseinandergesetzt oder was ist vorher passiert?
- Wenn es einen Grund gäbe, weshalb dieses körperliche Problem nicht heilt, wie würde er lauten?
- Stellen Sie sich vor, Sie hätten dieses körperliche Problem überwunden. Was wäre dann? Was würden Sie vielleicht auch verlieren? Zum Beispiel Ruhe, Zuwendung, Rücksichtnahme, Ihre Identität[*] oder Sie müssten dann mehr Verantwortung übernehmen etc.

5 Begleitende Emotionen

Beim Bearbeiten körperlicher Symptome können auch Gefühle und Erinnerungen freigesetzt werden, die Sie als Aspekte aufgreifen. Wenn begleitende Emotionen geklopft werden, verschwinden körperliche Beschwerden oft. Stellen Sie sich dazu folgende Fragen:

- Wie fühlen Sie sich, wenn Sie an Ihr körperliches Problem denken?
- Ergeben sich aus diesem körperlichen Problem irgendwelche Einschränkungen für Ihr Leben? Was löst diese Tatsache in Ihnen aus?
- Hat das körperliche Problem negative Auswirkungen auf Ihr Selbstbild, Ihre Beziehungen, Ihre berufliche Situation? Welche Emotionen kommen in Ihnen hoch, wenn Sie sich darüber Gedanken machen?

6 Das Emotionsbarometer

Wenn eine geklopfte körperliche Beschwerde nach einiger Zeit wiederkehrt, heißt das nicht, dass EFT in diesem Fall nicht gewirkt hat. Das Symptom kann die Funktion eines Emotionsbarometers haben, das anzeigt, wann Hochdruck in Ihnen ist und dass es wieder nötig wäre, EFT anzuwenden. Das Symptom

[*]Sie haben es schon so lange und beschäftigen sich viel damit

ist dann auch eine wertvolle Referenz, denn sein endgültiges Verschwinden deutet darauf hin, dass ein tieferes, emotionales Problem erfolgreich geklopft worden ist.

Die Entscheidungsmethode 2.8

Die Entscheidungsmethode wurde von Patricia Carrington entwickelt. Mit dem normalen EFT-Ablauf klopft man die Probleme genau so, wie sie sind. Mit der Entscheidungsmethode haben Sie hingegen ein Werkzeug, mit dem Sie zusätzlich eine neue, positive Sichtweise in Form einer Entscheidung schneller und tiefgreifender in Ihr System integrieren können.

Das Prinzip dieser Methode besteht darin, auf ein Problem bezogen eine neue, positive Entscheidung zu formulieren. Die neue Entscheidung ersetzt dann den Teilsatz: »... liebe und akzeptiere ich mich voll und ganz«, der bei EFT die Selbstakzeptanz ausdrückt. Wenn Sie zum Beispiel krank sind, könnte die Entscheidung lauten: »Auch wenn ich *[Krankheit]* habe, entscheide ich mich jetzt dafür, mich gesund und topfit zu fühlen.«

Eine Affirmation zum selben Thema würde zum Beispiel lauten: »Ich fühle mich gesund und bin topfit.« Wenn man aber genau hinspürt, regt sich dabei im Unbewussten ein Widerstand, weil diese Aussage der gegenwärtigen Realität widerspricht, denn: »Ich bin ja gar nicht gesund.« Bei der Entscheidungsmethode wird hingegen eine neue Entscheidung formuliert. Das ist inhaltlich das Gleiche, aber es entsteht kein innerer Widerstand, weil ich mich jederzeit für etwas Neues entscheiden kann.

Besonders bei komplexeren Problemen ermöglicht die Entscheidungsmethode einer neuen Sichtweise die schnellere Etablierung in Ihrem System. Vor allem wenn Sie tiefe Überzeugungen verändern, spüren Sie möglicherweise längere Zeit Unsicherheit oder Orientierungslosigkeit in sich, weil sich das Neue noch nicht richtig etabliert hat. Die Entscheidungsmethode verkürzt den Prozess deutlich.

Wenn Sie Alltagsangelegenheiten wie oben beschrieben klopfen, werden Sie meist spontan und tiefgreifend eine positive Haltung und Motivation entwickeln. In diesen Fällen ist die Entscheidungsmethode nicht notwendig, Sie können Sie aber trotzdem anwenden, wenn Sie das Bedürfnis verspüren.

In meiner Praxis wende ich die Entscheidungsmethode an, wenn etwa zwei Drittel eines Problems bereits aufgelöst sind. Theoretisch könnte man sie schon am Anfang anwenden, ich empfehle das aber nicht. Erfahrungsgemäss ist es sehr viel schwieriger und mühsamer, überhaupt eine neue Entscheidung zu finden, solange man noch voll im Problem gefangen ist. Wenn hingegen ein Großteil des Problems aufgelöst ist, findet man seine neue Entscheidung einfach.

Falls Sie das Gefühl haben, mit einer weiteren Methode zusätzlich zum EFT-Ablauf überfordert zu sein, könnten Sie das mit dem Satz klopfen: »Auch wenn ich mit dieser Entscheidungsmethode überfordert bin, liebe und akzeptiere ich mich voll und ganz.« Unabhängig davon empfehle ich Ihnen, zunächst den normalen EFT-Ablauf anzuwenden, bis Sie sich darin sicher fühlen, und erst dann die Entscheidungsmethode dazuzunehmen.

Die Anwendung dieser Methode ist recht einfach. Wie schon erwähnt, wird der Teilsatz: »... liebe und akzeptiere ich mich voll und ganz«; durch eine Entscheidung ersetzt: »... entscheide ich mich jetzt dafür, *[Entscheidung]*.«

> Der komplette Satz lautet also: »Auch wenn ich *[Problem]*, entscheide ich mich jetzt dafür, *[Entscheidung]*.«

Üblicherweise formuliert die Entscheidung das Gegenteil zum Problem, also das, was Sie gerne hätten, das erwünschte Ziel. Zum Beispiel: »Auch wenn mich mein Chef ungerecht behandelt, entscheide ich mich jetzt dafür, mich in jeder Situation, wertvoll und akzeptiert zu fühlen.«

1   Formulieren Sie wie bisher eine Aussage zum Problem: »Ich fühle mich vom Chef ungerecht behandelt.«

2 Formulieren Sie die Entscheidung, die das Gegenteil des Problems ausdrückt: »Ich entscheide mich jetzt dafür, mich in jeder Situation mit meinem Chef wertvoll und akzeptiert zu fühlen.«

3 Kombinieren Sie die Problemaussage mit dem Entscheidungssatz: »Auch wenn ich mich vom Chef ungerecht behandelt fühle, entscheide ich mich jetzt dafür, mich in jeder Situation mit meinem Chef, wertvoll und akzeptiert zu fühlen.« Diesen Satz verwenden Sie nun für das Setup, sprechen ihn also je einmal

- beim Wunden Punkt (WP)
- Handkante Zeigefingerseite (HZ)
- Handkantenpunkt (HK)

Dieser Schritt entspricht dem Schritt 3 beim normalen EFT.

4 Nun klopfen Sie eine Runde mit dem Problemsatz: »Ich fühle mich vom Chef ungerecht behandelt«; vom Augenbrauenpunkt (AB) bis zum Kopfpunkt (KP).

5 Dann klopfen Sie eine zweite Runde, wobei Sie bei jedem Punkt die Entscheidung sprechen: »Ich entscheide ich mich jetzt dafür, mich in jeder Situation mit meinem Chef, wertvoll und akzeptiert zu fühlen«; vom Augenbrauenpunkt (AB) bis zum Kopfpunkt (KP).

6 Schließlich klopfen Sie eine dritte Runde, wobei die Sätze abwechselnd gesprochen werden, beim ersten Punkt der Problemsatz, beim nächsten die Entscheidung, beim übernächsten wieder der Problemsatz und so weiter, bis Sie beim Kopfpunkt angekommen sind.

Wichtig ist, dass Sie mit der Entscheidung aufhören. Damit es aufgeht, klopfen Sie die Punkte unter Nase (UN) und unter Lippe (UL) gleichzeitig.

Beachten Sie, die Entscheidung positiv zu formulieren. Sagen Sie also, wo Sie hin wollen, und nicht, was Sie nicht mehr wollen. Weil das Unbewusste in Bildern ›denkt‹, kann es Negationen nicht verarbeiten. Wenn Sie also »keine Kopfschmerzen« wollen, geben Sie Ihrem Unbewussten das Bild Kopfschmerzen und es wird Sie brav unterstützen, dass Sie auch ja Kopfschmerzen bekommen. Überprüfen Sie Ihre Entscheidungen deshalb unbedingt auf deren positive Formulierung.

Formulieren Sie exakt das, was Sie möchten. Hier gelten die Regeln des Unbewussten und das arbeitet wortwörtlich. Wenn Sie einfach nur entscheiden würden, dass Sie ihre Ruhe haben wollen, könnte die beispielsweise auch durch Krankheit oder einen Unfall hergestellt werden, um es krass zu demonstrieren. Überprüfen Sie also Ihre Entscheidungen auf ihre wörtliche Bedeutung.

Die Entscheidung sollte Ihnen Spaß machen, sie sollte attraktiv sein. Fügen Sie Adjektive hinzu, die das ausdrücken, wie freudvoll, spaßig, leicht, spielerisch, wunderbar, herausragend, genial, glänzend, phantastisch etc. Überprüfen Sie Ihre Entscheidungen auf die Attraktivität.

Begnügen Sie sich nicht mit einer leichten Verbesserung. Wählen Sie das Bestmögliche, den Jackpot. Dieser Rat spricht auch dafür, die Entscheidungsmethode erst anzuwenden, wenn ein Großteil des Problems bereits aufgelöst ist, weil Sie erst dann eine entsprechend weite Perspektive haben werden. Es lohnt sich, diesen Punkt besonders genau zu nehmen, denn Sie installieren eine neue Überzeugung und möchten damit ja die größtmögliche innere Freiheit erreichen. Überprüfen Sie Ihr Entscheidung darauf, ob es wirklich die beste Möglichkeit für Sie ist.

Entscheiden Sie nie für Andere. Sie können nur Ihre eigene Resonanz, Ihre Einstellung ändern, nicht die anderer. Sie können nicht sagen: »Ich entscheide mich jetzt dafür, dass mich mein Chef in jeder Situation schätzt und akzeptiert.« Das ist einleuchtend, weil Ihr Chef seine eigenen ›Entscheidungen‹ trifft. Was aber in dieser Formulierung so offenbar erscheint, kann sich in anderen Formulierungen mehr verstecken: »Ich entscheide mich jetzt dafür, von allen gemocht zu werden.« Überprüfen Sie Ihre Entscheidung sehr sorgfältig, ob Sie wirklich nur für Ihre Person entscheiden.

naram

Die Entscheidung sollte so kurz und einfach wie möglich formuliert werden. Dies fällt nicht immer ganz leicht. Fragen Sie sich, was die Essenz Ihrer Entscheidung ist, und lassen das Drumherum fort. Überprüfen Sie Ihre Entscheidungen auf Einfachheit.

Widerstände 2.8.1

Falls Sie innere Widerstände gegen eine Entscheidung spüren, müssen alle Ihre Einwände einzeln geklopft werden, weil sonst die Wirksamkeit der Entscheidungsmethode be- oder verhindert wird.

Wann immer wir ein Ziel formulieren oder eine Entscheidung treffen wollen, kann sich die innere Stimme mit Einwänden melden: »Es hat ja noch nie geklappt«; »Du schaffst das ja sowieso nicht«; »Du bist doch gar nicht wirklich motiviert«; »Das wird viel zu anstrengend«; etc.

Um sich diese Widerstände bewusst zu machen, stellen Sie sich die Fragen: »Wie fühle ich mich mit dieser Entscheidung?«; »Was spricht gegen diese Entscheidung?«; »Welche Folgen befürchte ich bei dieser Entscheidung?« Wenn Sie eine neue Entscheidung integrieren, muss sie hundertprozentig für Sie stimmig sein.

Es ist zusätzlich unterstützend, wenn Sie neue Entscheidungen, die Sie geklopft haben, mit dickem, farbigem Stift auf eine Karte schreiben und diese hinhängen, wo sie Ihnen häufig ins Auge fällt. Lesen Sie die Entscheidung ein paar Mal täglich bewusst.

Kurzübersicht Entscheidungsmethode 2.8.2

1 Entscheidungs-Setup
Die Problemaussage und die Entscheidung werden in einem Satz zusammengefasst, dann nacheinander die drei Setup-Punkte Wunder Punkt, Zeigefingerseite der Hand und Handkantenpunkt geklopft und dabei gesprochen, zum Beispiel: »Auch wenn ich mich vom Chef ungerecht behandelt fühle, entschei-

de ich mich jetzt dafür, mich in jeder Situation mit meinem Chef wertvoll und akzeptiert zu fühlen.«

2 Erste Runde

Die elf Klopfpunkte mit der Kurzform der Problemaussage klopfen: »Ich fühle mich vom Chef ungerecht behandelt.«

3 Zweite Runde

Die elf Klopfpunkte mit der Entscheidung klopfen: »Ich entscheide mich jetzt dafür, mich in jeder Situation mit meinem Chef wertvoll und akzeptiert zu fühlen.«

4 Dritte Runde

Die Klopfpunkte abwechselnd mit der Problemaussage und der Entscheidung klopfen, also beim Augenbrauenpunkt (AB): »Auch wenn ich mich vom Chef ungerecht behandelt fühle«, und beim folgenden Punkt: »entscheide ich mich jetzt dafür, mich in jeder Situation mit meinem Chef wertvoll und akzeptiert zu fühlen«; und so fort.

Damit Sie beim letzten Punkt die Entscheidung sprechen, klopfen Sie die Punkte unter Nase (UN) und unter Lippe (UL) gleichzeitig.

Diesen Ablauf können Sie beliebig oft wiederholen, bis Sie auf der Problemaussage keine Intensität mehr spüren und sich die Entscheidung vollumfänglich stimmig anfühlt.

Erkunden der inneren Welt

Nach und nach setzen wir nun die Puzzlesteine zu einem vollständigen Bild zusammen. Nach der Einführung ins Thema Burnout-Syndrom und EFT bleibt mir noch die Freude und ›Not-wendigkeit‹, mit Ihnen einen Blick hinter die Kulissen zu werfen, bevor es dann mit dem praktischen Leitfaden losgeht.

Bei vielen Menschen gibt es eine Diskrepanz zwischen der inneren Welt und wie sie sich nach außen zeigen. Nach außen sehen sie zum Beispiel stark, erfolgreich, lustig und selbstbewusst aus, aber innen fühlen sie sich nicht so, sondern vielleicht sogar gegenteilig. Wir müssen im Alltag viel Energie dafür aufbringen, um nach außen ›optimal‹ zu wirken. So wie wir gern sein möchten, so wollen wir auch von anderen wahrgenommen werden. Aber gleichzeitig sehnen wir uns alle danach, dass wir akzeptiert und geliebt werden, genau so wie wir sind, und nicht, wie wir sein möchten. Ansonsten ist ja die Zuwendung und Akzeptanz nicht wahrhaftig und steht auf dünnem Boden, oder?

Nur, wenn man immer das strahlende Bild nach außen abgibt und sich dann einmal jemandem mit den wirklichen Gefühlen mitteilt, dann hört man Bemerkungen wie: »Du machst das doch alles sehr gut«; »Du hast doch immer alles im Griff«; »Du bist doch so stark«; etc. Sie fühlen sich dann unverstanden und nicht ernst genommen, sind aber gleichzeitig vielleicht auch froh, dass Ihr Innenleben offensichtlich noch nicht im Außen sichtbar ist. Die Rollen, die Sie spielen, oder die Panzerwesten, die Sie tragen, bieten Ihnen Schutz vor der Umwelt, damit Sie sich nicht bloßgestellt fühlen. Ihre Angst ist, dass es gefährlich ist, sein Inneres zu offenbaren, weil andere Ihre

Bedürftigkeit bestenfalls nicht zur Kenntnis nehmen oder im schlimmsten Fall Ihre Schwäche instrumentalisieren und sie benutzen und verletzen. Und das gilt leider nicht nur für ferne Mitmenschen wie Arbeitskollegen etc., sondern nicht selten auch im engsten Familienkreis.

Wir wollen hinter die Kulissen der Persönlichkeit schauen, die Sie nach außen zeigen. Egal, ob diese Kulisse (noch) glitzert und glänzt, schon ein paar größere Risse, Beulen und Flecken hat oder vielleicht sogar schon die Hälfte davon beschädigt ist. Auch wenn Sie vielleicht denken: »Muss das jetzt auch noch sein, mein Selbstwertgefühl ist doch sowieso schon nicht mehr das Beste«, werden Sie es nicht bereuen. Denn es führt kein Weg daran vorbei, dass Sie sich ein wenig näher mit Ihrer Innenwelt auseinander setzen und Akzeptanz und Liebe für sich selber entwickeln und nicht nur für Ihre Kulisse.

Deshalb bekommen Sie im nachfolgenden Leitfaden auch keine Hilfestellung, wie Sie die möglichen Risse in der Fassade flicken und Ihre Kulisse noch blendender gestalten können. Wenn man so immer mehr an den Äußerlichkeiten herumwerkelt, wird immer mehr Energie dafür verbraucht, und immer weniger Energie steht für ein erfüllendes Leben zur Verfügung. Statt sich zu *ent*wickeln *ver*wickeln Sie sich immer mehr und sind am Ende gar nicht mehr Sie selbst.

Deshalb wird Ihnen der Leitfaden genau umgekehrt helfen, die Kulissen abzubauen, damit immer klarer zum Vorschein kommt, wer Sie wirklich sind, damit Sie immer mehr in dem Glanz erstrahlen, den Sie im Inneren Ihres Herzens mit auf diese Welt gebracht haben. Und Sie spüren, wenn Sie in sich hineinhorchen, dass es Ihre wahre Aufgabe und Ihr sehnlichster Wunsch ist, diesen Glanz leuchten zu lassen, so wie eine Rose erblüht und sich der Sonne öffnet.

Sie werden nämlich erstaunt sein, dass es gar nicht so schlimm aussieht, wie Sie immer befürchtet hatten, und Sie werden sich dann vermutlich fragen, warum Sie so lange an dieser anstrengenden Kulisse festgehalten haben. Sie werden auf einmal Ihren wahren Selbstwert spüren, das heißt, die Kraft in Ihrem Inneren wahrnehmen.

Stellen Sie sich jetzt einfach mal vor, wir machen eine Wanderung in die Berge und suchen einen Kristall. Dazu braucht es ein wenig Geduld, gute Werkzeuge und eine Landkarte, um alle Hindernisse rechtzeitig zu erkennen. Die Werkzeuge haben wir aus den letzten Kapiteln bereits dabei (EFT etc.), geduldig sind Sie sowieso, fehlt also noch die Landkarte. Dieses Kapitel widmet sich nun Ihrer Landkarte, der inneren Landschaft, damit Sie sicher und freudvoll Ihren Weg finden, in allen Lebensbereichen wieder aufblühen und Freude am Leben mit all seinen Höhen und Tiefen spüren, um den Herausforderungen des Lebens mit Leichtigkeit begegnen zu können. Die verschiedenen Landschaftsabschnitte, die wir anschauen, sind Teile Ihrer Innenwelt.

Wir beschäftigen uns mit folgenden Teilen der inneren Landschaft: Ihrem wahren Selbst, dem Unterbewusstsein, den Glaubensmustern und den inneren Antreibern.

Auf der Suche nach dem wahren Selbst   3.1

Wer sind Sie? Lassen Sie diese Frage tief in sich wirken. Bekommen Sie eine Antwort? Wer sind Sie wirklich? Ihr Verstand? Ihr Gefühl? Ihre Persönlichkeit? Ihre Fähigkeiten? Das, was andere von Ihnen wollen? Das, was Sie nicht können? Ihre Schwächen? Ihr Körper? Ihr Besitz? Alles miteinander?

Die Antwort liegt tief in Ihnen und lässt sich vermutlich schwer in Worte fassen. Stellen Sie sich einmal vor: Sie haben keine Arbeit mehr. Aller Besitz ist weg. Ihre Lieben sind nicht mehr bei Ihnen. Und Ihr Körper will auch nicht mehr so wie Sie. Aber Sie leben. Was bleibt dann von ›Ihnen‹ übrig?

Ich weiß, diese Vorstellung fällt vermutlich schwer. Wir sind mit vielem identifiziert, was wir eigentlich gar nicht sind. Der Titel hier heißt: »Auf der Suche nach dem wahren Selbst«; und damit meine ich Ihr innerstes, wahres, unsterbliches Wesen. Manche nennen das auch Seele, höheres Selbst, göttlicher Kern, spirituelles Selbst etc. Welchen Namen man gibt, spielt keine Rolle. Es kommt darauf an, das wahre Selbst zu spüren.

Wenn Sie mit Ihrem wahren Selbst in Tuchfühlung sind, erleben Sie einen Zustand von bedingungsloser Liebe, Frieden und Gelassenheit und zwar unabhängig davon, was im Außen geschieht. Sie haben sicher auch schon Momente erlebt, wo Sie sich in vollkommenem Einklang mit sich und der Umwelt gefühlt haben, was übrigens auch in schwierigsten Situationen der Fall sein kann.

Die erste Schicht, die den Kristall verdeckt, der Ihr wahres Selbst darstellt, beinhaltet viele negativen Annahmen und Einstellungen über sich selbst. Meist beginnt diese Schicht bereits in der frühen Kindheit zu wachsen. Alles, was man auf keinen Fall sein will oder was man an und in sich abwertet, Schuld- und Schamgefühle und alles Verdrängte wird man dort finden. Auch alles, was man an anderen verachtet und überhaupt nicht akzeptieren oder tolerieren kann, wird dort zu finden sein. Meist ist einem diese Schicht nur zu einem kleinen Teil bewusst, wir haben Angst, dorthin zu schauen.

Darum gibt es eine weitere Schicht, die dieses negative Selbstbild vor einem selbst und der Umwelt verdecken soll. Diese Schicht beinhaltet eben das, was man nach Außen abgeben möchte, was man von sich selbst denken will und andere von einem denken sollten, die schon erwähnte Kulisse. Als Beispiel: »Ich muss alles perfekt machen«; »Ich muss allen helfen«; »Ich muss der Beste sein«; »Ich darf keine Fehler machen«; »Ich möchte allen gefallen, erfolgreich sein«; »Ich darf niemanden enttäuschen«; »Ich bin stark«; »Ich muss recht haben«; etc.

Mit dieser zweiten ›schönen‹ Schicht soll die erste Schicht überdeckt werden. Diese zweite Schicht sieht zwar nach Außen sehr gut aus, ist aber nicht die Wahrheit, und darum wird es mit der Zeit immer anstrengender, dieses Bild aufrechtzuerhalten. In der Folge genügen Sie dann den eigenen Anforderungen immer weniger, was Ihre Schuld- und vielleicht auch Schamgefühle mehr und mehr anwachsen lässt. Auch das muss wieder überdeckt werden und Sie müssen noch mehr Energie in dieses vermeintlich positive Bild investieren. Gleichzeitig fühlen Sie immer mehr Leere und Sinnlosigkeit. Der Panzer um Sie herum wird dicker und Sie immer isolierter. Sie haben vielleicht das Gefühl, gar nicht ›Ihr‹ Leben zu leben. Sie entfernen sich immer mehr von sich selbst, von Ihrem inneren Kristall, der viel mehr Kraft beinhaltet, als Sie je brauchen können. Diese Schicht ist bei einem Menschen, der zum Burnout-Syndrom tendiert, erfahrungsgemäß umfangreich. Die Glaubensmuster, die dort gespeichert sind, dienen uns als sogenannte innere Antreiber: »Ich muss perfekt sein«; »Ich darf keine Fehler machen«; »Ich muss alle Erwartungen erfüllen«; etc.

Die schlechte Nachricht ist im ersten Moment vermutlich hauptsächlich, dass die äußere Schicht, in die Sie so viel investiert haben, nicht die Wahrheit ist. Das werden Sie schnell verkraften, denn irgendwo in Ihnen drin – da bin ich mir sicher – wissen Sie das bereits. Jetzt kommt aber die gute Nachricht: Die ›negative Schicht‹, die Sie zu überdecken versuchen, ist genauso wenig die Wahrheit.

Das Ziel dieses Leitfadens ist, die erste Schicht, die den Kristall überdeckt, die ganzen mehr oder weniger versteckten negativen Annahmen über sich selber, aufzulösen. Damit wird die zweite Schicht, die Kulisse, immer überflüssiger und der Kristall in Ihnen wird für Sie und auch für Ihr Umfeld sicht- und spürbarer. Sie kommen in Ihren wahren Selbst-Wert und wissen, dass Sie vollkommen in Ordnung sind, genau so, wie Sie sind.

Dann ist Authentizität das Thema und nicht mehr Schein. Sie können sich selbst immer mehr lieben und akzeptieren, so wie Sie sind. Und weil Sie das nun bei sich können, werden Sie es auch von Ihrem Umfeld so erfahren. Sie haben dadurch eine ganz andere Ausstrahlung, der Kristall kann jetzt ungehindert strahlen.

Glaubensmuster 3.2

Der griechische Philosoph Epiktet hat gesagt: »Woran die Menschen leiden, sind nicht die Ereignisse, sondern ihre Beurteilung der Ereignisse.« Sehen Sie sich das folgende Bild genau an.

Was sehen Sie? Sehen Sie die alte oder die junge Frau? Wenn Sie die junge Frau sehen, versuchen Sie, auch die alte Frau zu sehen, oder umgekehrt. Fällt Ihnen das leicht? Was müssen Sie tun, um auch die andere Frau sehen zu können?

Sie müssen ganz bewusst den Blickwinkel, Ihre Position ändern. Nicht wenigen Menschen fällt es schwer, wenn sie die eine Frau sehen ›umzuschalten‹, um auch die andere zu sehen. Das zuerst wahrgenommene Bild drängt sich immer wieder in den Vordergrund. Erst durch Verändern Ihrer inneren Position können Sie am ersten Bild ›vorbeischauen‹.

Seien Sie ehrlich zu sich: Sie hätten sich wahrscheinlich mit der ersten Frau zufrieden gegeben, wenn Sie nicht erfahren hätten, dass da noch eine zweite Frau im Bild zu sehen ist, oder?

Wir nehmen die Welt durch die Brille unserer Bewertungen, Annahmen und Einstellungen wahr, die durch intensive emotionale Erlebnisse entstanden sind oder die wir von anderen übernommen haben. Diese Annahmen und Einstellungen nennt man Glaubensmuster oder Überzeugungen. Es sind innere Tatsachen, Wahrheiten und unabänderliche Realitäten, ganz gleich, ob ein Glaubensmuster negative oder positive Auswirkungen im Leben hat.

Ein Glaubensmuster ist eine innere Wahrheit, wie etwas ist.

Mögliche einengende Glaubensmuster sind zum Beispiel: »Ich bin halt nicht so gescheit.« – »Wer schön ist, ist dumm.« – »Ich bin ein Außenseiter.« – »Dicke Menschen sind träge.« – »Bei uns in der Familie ist das so.« – »Das hab ich von der Großmutter übernommen.« – »Frauen reden viel.« – »Ich bin wertlos.« – »Ich gehöre nicht dazu.« – »Ich darf keine Fehler machen.« – »Ich störe.« – »Ich bin überflüssig.« – »Ich bin dumm.« – »Ich bin immer schuld.« – »Das Leben ist schwer.« – »Ich bin ein Sünder.« – »Die Welt ist schlecht.« – »Geld verdirbt den Charakter.« – »Ich muss für alles kämpfen.« – »Das Leben ist ein einziger Kampf.« – »Ich komme immer zu kurz.« – »Aller Anfang ist schwer.« – »Ohne Fleiß kein Preis.«

Es gibt unzählige Glaubensmuster. Vielleicht haben Sie das eine oder andere wiedererkannt. Wenn Sie zum Beispiel das Glaubensmuster haben: »Ich muss um alles kämpfen«, dann sehen Sie die Welt durch diesen Filter und interpretieren alles, was Ihnen widerfährt, in diesem Sinne. Andere Sichtweisen sind Ihnen so lange nicht möglich, bis Sie den Filter erkennen und auflösen. Das ist wie bei der Abbildung, die wir gerade betrachtet haben. Mit dem Filter: »Alles geht ganz leicht«; würden Sie die selben Situationen ganz anders wahrnehmen.

Weil Sie mit einem solchen Glaubensmuster alles entsprechend wahrnehmen, werden Sie natürlich auch nur Situationen in Ihr Leben ziehen, in denen Sie kämpfen müssen. Dabei bewahrheitet sich das Glaubensmuster im Sinne einer selbsterfüllenden Prognose immer wieder und verstärkt sich so mehr und mehr. Sie können also zumindest ahnen, welchen Einfluss Ihre Glaubensmuster auf Ihr Erleben haben – und das gilt auch für ein Burnout – und was für unglaubliche Veränderungen möglich sind, wenn die einengenden Glaubensmuster aufgelöst werden.

Glaubensmuster sind nicht schlecht, obwohl uns ihre konkrete Wirkung im Leben häufig nicht passt. Es sind an sich wertfreie Programmierungen. Wir können nicht keine Glaubensmuster haben, sie bilden unsere mentale Struktur und geben Sicherheit, weil ich durch sie weiß, was ›richtig‹ und was ›falsch‹ ist. In einer Welt, in der alles möglich ist, geben diese inneren Leitplanken vermeintlich die Sicherheit zu wissen, wie ›es‹ richtig ist.

Die meisten unserer Glaubensmuster schränken uns aber auf die eine oder andere Art und Weise ein. Deshalb geht es in der Problemlösung immer darum, die einengenden Glaubensmuster aufzulösen.

Es gibt auch Glaubensmuster, die auf den ersten Blick positiv erscheinen, wie beispielsweise: »Ich muss perfekt sein.« – »Ich muss beliebt sein.« – »Ich muss stark sein.« – »Ich muss die Kontrolle haben.« Solche Glaubensmuster treiben Sie innerlich an.

3.3 Innere Antreiber

Die oben erwähnten scheinbar positiven Glaubensmuster wirken in unserem Leben als innere Antreiber. Sie sind die Meßlatten, an denen wir unseren Erfolg messen. Diese inneren Antreiber bauen auf Grundbedürfnissen auf, die wir alle haben: Liebe, Zugehörigkeit, Wertschätzung, Sicherheit und Autonomie. Sie sind unterschiedlich stark ausgeprägt und könnten auch gar nicht vorhanden sein.

Entwickelt werden diese Antreiber häufig in der Kindheit, weil wir dort natürlicherweise darauf angewiesen sind, diese Bedürfnisse von außen befriedigt zu bekommen. Wenn diese für das Erwachsenenalter überhöhten Grundbedürfnisse bestehen bleiben, wird alles im Außen gesucht und nicht erkannt, dass man sich diese Grundbedürfnisse nur selbst erfüllen kann. Dies geschieht, weil sie uns gar nicht als solche bewusst sind, sondern als erstrebenswerte Ziele erscheinen, die es nach wie vor zu erreichen gilt.

Typische innere Antreiber

Die folgenden inneren Antreiber kommen beim Burnout-Syndrom besonders häufig vor.

- *Ich muss perfekt sein*
  Hier ist der Erfolg oberstes Gebot und ein großes Bedürfnis nach Anerkennung der eigenen Leistung durch andere. Entsprechend groß ist die Angst vor Misserfolg, Versagen und davor, auch nur den kleinsten Fehler zu machen.
- *Ich muss beliebt sein*
  Der Wunsch nach Liebe und Zugehörigkeit ist übergroß. Man will unbedingt akzeptiert werden und alles soll harmonisch sein. Gleichzeitig besteht eine große Angst vor Ablehnung, Kritik, Zurückweisung und davor, die Erwartungen anderer nicht zu erfüllen.
- *Ich muss Kontrolle haben*
  Ein übermäßiges Sicherheitsbedürfnis führt dazu, alles kon-

trollieren zu wollen. Deshalb wird auch Verantwortung für Angelegenheiten übernommen, für die man eigentlich nicht verantwortlich ist, und man hat Probleme, Verantwortung abzugeben, auch wenn es sinnvoll wäre, weil man sich entlasten müsste und somit weniger Kontrolle hätte. Angst vor der Zukunft und die Angst, dass sich etwas nicht so entwickelt, wie wir es wünschen, steckt dahinter und letztlich Existenzangst.

▨ *Ich muss stark sein*
Persönliche Unabhängigkeit und Selbstbestimmung in jeder Situation ist der Antreiber bei allem Entscheiden und Tun. Die Angst vor Abhängigkeit und Hilfsbedürftigkeit steckt dahinter und letztlich ein allgemeines Misstrauen.

Solche inneren Antreiber legen die Messlatte so hoch, dass man dem gar nicht genügen kann. Das führt nach und nach zu einem enormen inneren Stress und damit zu einer verschobenen Wahrnehmung von sich selbst, anderen Menschen und der ganzen Umwelt. So entsteht eine Spirale, die sich immer schneller dreht und die Lebensenergie verzehrt.

Der Gedanke, man könne zum Beispiel das Problem am Arbeitsplatz lösen, indem man die Arbeitsstelle wechselt, steigert nur den Stress, denn solange die Brille dieser Glaubensmuster den Blick auf das Leben filtert, werden dort bald die gleichen Erfahrungen gemacht und das negative Vorurteil wird weiter vertieft.

Wenn ich Sie nochmals erinnern darf, ist die Funktion der inneren Antreiber, die negativen Annahmen über uns selbst zu verdecken. Es geht also nicht nur darum, diese überhöhten Messlatten nach unten zu korrigieren, sondern es ist sehr wichtig, auch die Glaubensmuster zu verändern, die damit verdeckt werden. Wenn Sie zum Beispiel den inneren Antreiber haben, dass Sie perfekt sein müssen, ist es sehr wahrscheinlich, dass das darunter liegende Muster lautet: »Ich mache alles falsch«; oder: »Es reicht nie, was ich mache«; oder: »Ich genüge nicht.« Je stärker ein innerer Antreiber ist, desto negativer ist das darunter liegende Muster.

3.4   Unterbewusstsein

Glaubensmuster sind ein Teil des Unterbewusstseins und darum ist es wichtig, die Funktion des Unterbewusstseins im Allgemeinen genauer zu betrachten, um ein tieferes Verständnis dafür zu bekommen, warum es manchmal nicht so läuft, wie wir uns das denken und wünschen. Das Bewusstsein wird aufgeteilt in einen bewussten und in einen unterbewussten Teil. Der unbewusste Teil hat verschiedene Tiefen, die in diesem Zusammenhang aber unerheblich sind.

Man geht davon aus, dass der bewusste Teil gerade mal zehn Prozent ausmacht. Alles, was Sie denken, fühlen und bewusst entscheiden, ist also nur ein Bruchteil von dem, was tatsächlich in Ihnen abläuft, denn neunzig Prozent davon sind Ihnen nicht bewusst. Hier wird gern eine Analogie zum Eisberg gezogen, von dem nur die Spitze sichtbar ist. Die Spitze ist Ihnen bewusst, alles was sich unter Wasser befindet, ist Ihnen nicht bewusst. Im alltäglichen Umgang kommunizieren häufig vor allem die unterbewussten Teile miteinander. Das erklärt, warum wir uns häufig nicht erklären können, warum wir oder die anderen so oder so reagieren.

3.4.1   Inhalte des Unterbewusstseins

Im unterbewussten Bereich sind Glaubensmuster, Einstellungen, Gewohnheiten, Bedürfnisse, Triebe, Neigungen, Familienmuster und kulturelle Gegebenheiten abgespeichert. Also alle Ihre ›Programme‹ haben hier ihren Quellcode. Ebenso sind hier aber auch alle vergangenen Erlebnisse mit allen dazugehörigen Sinneseindrücken gespeichert. Auch alles, was Sie verdrängen, womit Sie nichts mehr zu tun haben wollen, wird hier gespeichert. Es gehen keine ›Daten‹ verloren.

Pro Sekunde nehmen wir über alle Sinne etwa elf Millionen Eindrücke auf. Diese würden uns restlos überfordern, müssten wir uns mit allen bewusst auseinandersetzen. Das zu verhindern, ist die Funktion des Unterbewusstseins. Alles, was möglich ist, wird daher automatisiert und gefiltert. Mit etwa acht bis zehn Jahren ist bereits der größte Teil des Unterbewusstseins programmiert. Diese Programme heißen Glaubensmuster. Und wenn eine Programmierung einmal da ist, ist sie sehr resistent gegenüber Veränderungen. Mit EFT haben Sie aber die Möglichkeit, diese Glaubensmuster relativ einfach zu verändern und damit eine tiefgreifende Heilung in Gang zu setzen.

Funktion des Unterbewusstseins   3.4.2

Den ganzen Tag über finden viele automatisierte Abläufe und Handlungen statt. Wenn Sie zum Beispiel Auto fahren, müssen Sie nicht mehr nachdenken, wann und wie Sie nun kuppeln oder bremsen müssen, Sie machen es automatisch. Sie können sogar eine Viertelstunde auf der Autobahn fahren und sich hinterher nicht mehr erinnern, wie Sie gerade gefahren sind. Ihr Unterbewusstes hat aber offensichtlich sehr gute Arbeit geleistet, denn Sie hatten ja keinen Unfall.

Alle Abläufe, die Sie lernen, werden vom Unterbewussten automatisiert, so dass Sie sich nicht mehr bewusst darum kümmern müssen. Und wir lernen ständig. Alle Glaubensmuster/ Überzeugungen, die wir meist als Folge von Ereignissen haben, hat das Unterbewusste gelernt und sorgt nun für deren automatische, reibungslose Umsetzung im Alltag.

Wenn Sie zum Beispiel das Glaubensmuster haben: »Ich muss alles alleine machen«; dann sorgt Ihr Unterbewusstsein dafür, dass das auch so ist, und Sie werden tatsächlich vieles alleine machen müssen oder können keine Hilfe annehmen, wenn sie sich anbietet, oder Ihr Arbeitskollege, der eigentlich sonst sehr hilfsbereit ist, wird Ihnen nicht helfen, weil Sie das unbewusst ausstrahlen. Auch wenn es ihm selbst schleierhaft ist, warum er so reagiert.

Das Unterbewusstsein arbeitet außerdem mit Bildern und versteht alles wörtlich. Sie denken immer in Bildern, auch wenn Ihnen das nicht bewusst ist. Wenn Sie also ständig Angst haben, Fehler zu machen, kommt das innere Bild und Wort *Fehler* an und wird erfolgreich programmiert.

Das Unterbewusste ist vollkommen wertfrei, der Inhalt der Programmierung spielt keine Rolle. Alle eingehenden Informationen werden mit den schon vorhandenen Daten (erlebte Ereignisse) und mit den Sollwerten (Glaubensmuster/Überzeugungen) verglichen und dann leitet das Unterbewusstsein dementsprechend korrigierende Maßnahmen/Verhalten ein. Dieses Einleiten von Maßnahmen und Verhaltensweisen findet in der Regel noch im Unbewussten statt, oder wenn es bewusst wird, kann man sich nicht dagegen wehren. Im oben genannten Beispiel kann ich noch merken, dass ich jetzt wieder alles alleine mache, werde aber kaum anders handeln oder Hilfe annehmen können. Die Kraft des bewussten Teils ist sehr viel schwächer, als die des Unterbewusstseins.

Schuldgefühle 4

Schuldgefühle oder ein schlechtes Gewissen spielen beim Entstehen des Burnout-Syndroms eine große, wenn nicht die zentrale Rolle. Je häufiger Sie ein schlechtes Gewissen haben, desto mehr Lebensenergie wird davon aufgefressen. Gemeint sind nicht Situationen, in denen man mit Recht ein schlechtes Gewissen hat, da wird es nicht allzu viele geben, gemeint sind Schuldgefühle, die Sie sich selbst machen.

Wenn ein Arbeitskollege oder jemand in Ihrer Familie mürrisch ist, haben Sie dann im ersten Moment das Gefühl, es könnte ihretwegen sein, dass Sie etwas falsch gemacht haben? Sie nehmen jemandem den Parkplatz weg, beschäftigt Sie das im nachhinein noch? Haben Sie ein schlechtes Gewissen, wenn Sie (von anderen) etwas für sich wollen? Wenn sich jemand bei Ihnen ausweint, haben Sie sofort den Drang zu helfen oder macht es Sie aggressiv?

Beobachten Sie Ihren Alltag bitte daraufhin. Meist ist das Verhalten so eingeschliffen, dass die Schuldgefühle dahinter nicht leicht zu erkennen sind. Es kann auch sein, dass Sie allen Situationen, die Ihnen Schuldgefühle verursachen könnten, sehr gekonnt aus dem Weg gehen. Dann können Sie zu dem Schluss kommen, gar keine Schuldgefühle zu haben. Oft sagen Klienten in der ersten Sitzung, sie hätten nie ein schlechtes Gewissen, doch bald stellt sich heraus, dass es ständig präsent ist und deshalb gar nicht mehr wahrgenommen wird.

Immer wenn Sie der Messlatte der inneren Antreiber nicht genügen, haben Sie ein schlechtes Gewissen. Aber es kann sein, dass Sie es nicht als solches wahrnehmen, sondern als ein nicht recht benennbares, diffuses Gefühl, das meist auch im Bauch spürbar ist. Beobachten Sie genau, was in Ihnen vorgeht, wenn Sie Ihren inneren oder den äußeren Anforderungen nicht genügen.

Sie können mit diesen inneren Antreibern im äußeren Leben sehr erfolgreich sein. Aber Ihre Energie, Ihr Elan und auch Ihre Gesundheit werden nach und nach aufgezehrt und es wird für Sie alles immer anstrengender und anstrengender. Die Schuldgefühle führen dazu, dass Sie es noch besser machen wollen, also die Messlatten noch höher legen. Dadurch werden dann auch die Schuldgefühle noch mehr und so weiter.

Hinweise auf ein schlechtes Gewissens sind

- wenn Sie nur schon darüber nachdenken, ob Sie eines haben
- innere und äußere Rechtfertigungen
- nicht Nein sagen können
- Recht haben müssen
- nicht für die eigenen Bedürfnisse einstehen können oder wollen
- vieles persönlich nehmen
- Probleme anderer zu den eigenen machen
- Vorwurfshaltung und Schuldzuweisungen gegen andere
- es allen recht machen zu wollen
- übermäßiges Harmoniebedürfnis
- anderen Schuldgefühle machen

Es kann auch sein, dass Schuldgefühle verdrängt werden, indem man sie auf andere projiziert. Dann machen Sie anderen ständig offen oder unterschwellig Vorwürfe. Auch Wut, Ironie und Sarkasmus werden benutzt, um Schuldgefühle auch vor sich selbst zu verstecken.

Beim Burnout wird nicht die Arbeit an sich zu viel, sondern es ist das ständige schlechte Gewissen, das Gefühl, den Anforderungen nicht (nie) zu genügen, was zu viel wird und Sie auslaugt. Sich mehr Zeit für sich zu nehmen, was dringend nötig wäre, würde nur wieder neue Schuldgefühle auslösen. Deshalb wird dieser Möglichkeit durch noch mehr Hektik und Aufgaben erfolgreich aus dem Weg gegangen. Ein solches Fass voller Schuldgefühle löst sich leider durch keine Entspannungsmethode, keinen Sport und auch im Urlaub nicht einfach so auf.

Schuldgefühle führen dazu, dass Sie sich unbewusst selbst bestrafen. Dann wird eine zur Entspannung gedachte Situation irgendwie zum Desaster, aus einem gemütlichen Abend wird ein Ehekrach, aus einem erfolgreichen Geschäftsabschluss ein Durcheinander ohne Ende. Klienten benennen das häufig spontan ganz korrekt: »Ich habe das Gefühl, ich werde bestraft.«

Auch psychosomatische Symptome sind häufig die Folge von Schuldgefühlen. Ich erlebe nicht selten, dass sich körperliche Beschwerden wie ständige Kopfschmerzen oder Nackenschmerzen automatisch auflösen, sobald die Schuldgefühle weniger werden.

Schuldgefühle auflösen   4.1

Beim Burnout-Syndroms ist die Lösung von Schuldgefühlen der Schlüssel zum Erfolg. Wird das außer Acht gelassen, kommt man auch mit EFT nicht recht vom Fleck. Das schlechte Gewissen raubt so viel Energie, dass es nicht viel nützt, mit Ängsten, körperlichen Symptomen oder schlechtem Selbstwertgefühl zu klopfen. Zuerst muss diese Energie raubende Schuldgefühlebene erlöst werden.

Schuldgefühle lösen sich nicht durch eine Verstandesleistung auf. Es nützt nichts, sich einzureden oder einreden zu lassen, dass man sich jetzt einfach nur abgrenzen müsse und kein schlechtes Gewissen zu haben brauche. Das entlastet nur scheinbar und nur für einen kurzen Moment, die Schuldgefühle aber werden dadurch nur noch weiter verdrängt.

Erst wenn die Schuldgefühle zu einem größeren Teil aufgelöst sind, werden die anderen ursächlichen Programmierungen sichtbar und können erfolgreich bearbeitet werden.

4.2   Ihr soziales Umfeld

Wenn Sie jetzt an sich zu arbeiten beginnen, bedenken Sie bitte noch, dass Sie vermutlich für Ihr Umfeld derzeit recht ›pflegeleicht‹ sind. Sie sind besorgt, dass es allen rundherum gut geht. Und wenn man etwas von Ihnen will, muss man Ihnen nur ein klein wenig ein schlechtes Gewissen machen, dann spuren Sie.

Mit EFT wird sich das jetzt ändern. Für Ihre Umgebung kann es dann zunächst so aussehen, als ob es mit Ihnen jetzt unangenehmer wird. Sie werden automatisch mehr für sich einstehen, ohne sich zu rechtfertigen. Vor allem in Partnerschaften kann es zu Problemen kommen, wenn Sie nicht mehr auf Knopfdruck den Wünschen des Partners gemäß funktionieren.

Deshalb kann es vorkommen, dass Ihr Partner, Ihre Kinder oder auch die Arbeitskollegen versuchen, Sie daran zu hindern, sich zu verändern. Wer gibt schon gern das Privileg auf, immer jemanden um sich zu haben, der alles für einen macht. Vielleicht wird versucht, Ihnen noch mehr Schuldgefühle zu machen, um die gewohnten Reaktionen doch noch zu erzielen.

Denken Sie dann bitte daran, die Schuldgefühle zu klopfen, die bei Ihnen dadurch ausgelöst werden, dass Sie die anderen scheinbar im Stich lassen.

Ich möchte Sie an dieser Stelle ermuntern, sich die Zeit zu nehmen, diese Schuldgefühle aufzulösen. Wenn Sie sechs Wochen lang pro Tag eine Viertelstunde investieren, werden Sie danach eine völlig andere Situation haben. Ich habe diese Erfahrung x-mal mit Klienten gemacht, und es ist für mich jedes Mal wieder wunderschön mitzuerleben, welche unglaubliche Entwicklung in sechs Wochen möglich ist.

Teil 2

Leitfaden

Dieser Leitfaden gibt Ihnen eine Vorgehensweise an die Hand, wie Sie die im ersten Teil beschriebenen Methoden erfolgreich anwenden und die aufgezeigten Zusammenhänge entsprechend berücksichtigen können, um möglichst schnell wieder aufzublühen, wenn Sie bereits ein Burnout haben, oder Erschöpfungszustände auszugleichen, damit es erst gar nicht zum Burnout kommt.

Die Vorgehensweise ist in langjähriger Erfahrung mit Klienten in meiner Praxis gereift. Jeder der dreizehn Schritte ist notwendig, um in kürzester Zeit optimale Resultate zu erzielen. Sie werden aber für jeden Schritt unterschiedlich lange brauchen. Das ist in Ordnung so.

Der Leitfaden unterstützt Sie, nach und nach wieder die volle Verantwortung für Ihr Wohlergehen zu übernehmen. Diese Verantwortung kann niemand sonst für Sie übernehmen. Deshalb beschäftigen wir uns auch nicht mit Fragen, was Firmen für ihre Mitarbeiter tun sollten oder könnten. Selbst wenn das Betriebsklima oder die Arbeitsbedingungen miserabel sind, können Sie für sich das Beste daraus machen und an der inneren Einstellung arbeiten. Dann wird sich im Außen wie von selbst das Notwendige ändern. Das gleiche gilt natürlich auch für familiäre und alle anderen Situationen, die dazu führen, dass Sie sich ausgebrannt fühlen.

Nun wünsche ich Ihnen bei der Arbeit mit EFT alles Gute und die Begeisterung, die ein Klient kürzlich nach der ersten Sitzung ausdrückte: »Ich kann es kaum erwarten, mit dem Klopfen anzufangen, und freue mich riesig, dass ich endlich selbst etwas tun kann, um meine Situation zu verbessern.«

Das Ziel ist, wie wir erörtert haben, dass Sie Ihre Glaubensmuster verändern. Diese Glaubensmuster bieten Ihnen aber auch eine Sicherheit, die bislang wichtig für Sie war. Es ist deshalb ein mutiger Schritt, die Strukturen, die Sie schwächen, aber auch wie ein Korsett stützen, aufzulösen und zu verändern. Deshalb geben Sie sich die Zeit, die Sie brauchen. Entschiedenes Voranschreiten erhält den Mut aufrecht. Sie sollten sich nur nicht überfordern. Eine langsame, aber stetige Veränderung, die einem Bedürfnis nach Sicherheit Rechnung trägt, ist besser, als ein hektisches Haruck, das zum Abbruch führt. Jedes Tempo ist genau so in Ordnung, wie es ist.

In einigen Abschnitten mache ich Vorschläge für Sätze. Sie sollen zeigen, was gemeint ist, und Sie können sie auch genau so anwenden. Wenn Sie die Formulierungen aber nicht so treffend finden, dann sollten Sie unbedingt Ihre eigenen verwenden. Die Sätze, mit denen Sie klopfen, sollten Ihrer Sprache und Ihrem Empfinden entsprechen. Bei den Formulierungen sollten Sie auf Sprache, Grammatik und Konventionen keinerlei Rücksicht nehmen, sondern sprechen, wie es aus Ihnen herauskommt.

Es gibt auch Vorschläge, was für Glaubensmuster bearbeitet werden können oder sollten. Achten Sie beim Durchlesen auf Ihre Emotionen. Wenn ein Glaubensmuster auf starke Ablehnung bei Ihnen stößt, wenn es Sie wütend oder traurig macht oder wenn Sie meinen, dass das nun wirklich nicht das Geringste mit Ihnen zu tun hat, dann sollten Sie dieses Glaubensmuster auf jeden Fall klopfen.

Wenn Sie perfektionistisch veranlagt sind oder Angst haben, immer alles falsch zu machen, werden Sie diese Reaktionen auch auf das Klopfen projizieren und zweifeln, ob Sie es richtig machen. Lassen Sie sich beruhigen, Sie können nichts falsch machen, die Anwendung von EFT kann nicht schaden. Schlimmsten Falls stellen sich keine Erfolge ein und das merken Sie ja sofort. Dann schauen Sie in dem Kapitel nach, wo ich Vorgehensweisen für den Fall beschreibe, dass es nicht voran geht.

Ein weiterer Stolperstein sind Zweifel an EFT überhaupt. Solche Zweifel benutzt der Verstand, um sich den Herausforderungen der Veränderung zu entziehen. Wenn Sie an EFT zweifeln, dann klopfen Sie diesen Zweifel: »Auch wenn ich nicht glaube, dass mir EFT helfen kann, liebe und akzeptiere ich mich voll und ganz.«

Verantwortung übernehmen 5.2

Wenn Sie den Drang verspüren, Verantwortung für andere zu übernehmen, dann denken Sie daran, dass jeder für sich selbst verantwortlich ist. Auch Sie. Manche kümmern sich um jeden und alles, nur um keine Verantwortung für sich selbst zu übernehmen. Ich höre von Klienten immer wieder Sätze wie: »Jetzt habe ich für XY so viel getan und bekomme am Schluss noch einen Tritt, dabei habe ich es doch nur gut gemeint.«

Jeder Mensch trägt den leuchtenden Kristall in sich und hat das Recht, trotzdem zu leiden. Jeder kann seine Lernschritte machen, wann er will, sie laufen niemandem davon. Wenn Sie anderen die Verantwortung für sich selbst abnehmen, machen Sie sie abhängig und schwach. Darum ist Ihnen auch niemand wirklich dankbar dafür. Wenn Sie die Verantwortung für sich selbst nicht übernehmen und auf andere abwälzen, machen Sie sich abhängig, schwächen sich und entwickeln sich nicht weiter. Das Motiv dahinter ist dann, dass Sie sich selbst durch Ihr Handeln besser fühlen und kein schlechtes Gewissen haben, aber das Helfen entspringt nicht wirklich Ihrem Herzen.

Achten Sie auf Ihre Gefühle, wenn Sie nicht helfen können, wenn jemand Ihre Hilfe ablehnt, Ihre Hilfe nicht bemerkt oder nicht würdigt. Wenn Sie das auch nur ein klein bisschen stresst, handelt es sich nicht um selbstlose Hilfe. Daran merken Sie, ob Ihre Hilfe wirklich selbstlos ist oder ein anderes Motiv dahinter steckt.

5.3   Wieder in die eigene Kraft kommen

Vermutlich haben Sie sich im Verlauf Ihres Lebens schon mit sich auseinander gesetzt und haben einiges an sich entdeckt, was Ihnen nicht so passt. Anerkennen Sie alles, was Sie sehen, und hadern nicht mit sich. Erinnern Sie sich an die erste Schicht, die Ihren strahlenden Kristall verhüllt und die zweite Schicht hervorgerufen hat. Diese Schichten blockieren Ihre wahre Kraft, aber sie lösen sich durch Ignorieren nicht auf. Anerkennen Sie alles, was Sie sehen. Sie wissen damit auch, was es auf dem Werg zu Ihrem strahlenden Kristall aufzulösen gibt. In meiner Praxis habe ich immer wieder die Erfahrung gemacht, wie entlastend es ist, die Situation anzuerkennen, ganz gleich wie schlimm sie ist. Sie kommen damit in Ihre Kraft.

Der Leitfaden   6

Übersicht   6.1

Diese Übersicht dient der ersten Orientierung. Im Anschluss daran werden alle Schritte einzeln im Detail erläutert. Im Anhang finden Sie außerdem einige Kurzanleitungen, die Sie auf einen Blick über die praktische Umsetzung informieren.

Schritt 1: Stress-Liste

Erstellen Sie zunächst eine Liste mit den Sachverhalten und Situationen, die bei Ihnen Stress auslösen. Dies ist Ihr Einstieg und Ihre Arbeitsgrundlage für die EFT-Anwendung zur Befreiung von Erschöpfungszuständen.

Anfangs, später nach Bedarf.

Schritt 2: Analyse der Liste

Jeder Punkt der Liste wird unter drei Aspekten betrachtet:

- Gibt es dabei Aspekte, wo ich mich ausgeliefert fühle?
- Welche Glaubensmuster stecken dahinter?
- Welche Gefühle oder körperlichen Symptome werden ausgelöst?

Anfangs, später nach Bedarf.

Schritt 3: Korrektur der psychischen Umkehrungen

Alle psychischen Umkehrungen müssen aufgespürt und aufgelöst werden. Dieser Schritt wird unabhängig von der Arbeit an konkreten Aspekten durchgeführt.

Anfangs, aber zusätzlich immer auch bevor Sie mit EFT arbeiten und wenn Sie nicht weiterkommen.

Schritt 4: Weitere Hindernisse

Hinterfragen Sie, ob Sie noch irgendetwas daran hindert, EFT anzuwenden, um sich von Erschöpfungszuständen zu befreien.

Bei Bedarf.

Schritt 5: Schamgefühle auflösen

Zuerst werden die aktuellen Schamgefühle mit EFT bearbeitet, dann die wichtigsten Situationen aus Ihrer Vergangenheit, in denen Sie sich geschämt haben.

Anfangs und immer wenn nötig.

Schritt 6: Schuldgefühle auflösen

Alle aktuellen Situationen, in denen Sie ein schlechtes Gewissen haben oder haben könnten, und die wichtigsten Situationen aus der Vergangenheit werden mit EFT bearbeitet. Dies ist ein ganz wichtiger Schritt.

Anfangs etwa sechs Wochen lang täglich mindestens eine Viertelstunde beginnend mit den aktuellen Schuldgefühlen, dann immer mehr mit Situationen aus der Vergangenheit; später nach Bedarf.

Schritt 7: Innere Antreiber auflösen

Dieser Schritt folgt etwa vier Wochen nachdem Sie mit Schritt 6 begonnen haben oder auch früher, wenn Sie Zeit und Muße haben. Beginnen Sie mit dem stärksten Antreiber und arbeiten Sie sich zu den schwächeren durch. Wenn ein Antreiber kein Muss mehr ist, können Sie jeweils eine neue Entscheidung treffen, wenn Sie möchten.

Machen Sie das so lange, bis die inneren Antreiber kein Muss mehr sind.

Schritt 8: Weitere Glaubensmuster verändern

Wenn die inneren Antreiber kein Muss mehr sind, werden weitere stressverstärkende Glaubensmustern aufgespürt und mit EFT gelöst.

Nach Bedarf.

Die Reihenfolge der Schritte 9, 10 und 11 richtet sich danach, was am stärksten vorhanden ist. Die zu Beginn erstellte Stress-Liste ist hilfreich, das herauszufinden.

Schritt 9: Sonstige Emotionen auflösen

Nach Bedarf.

Schritt 10: Äußere Stress-Faktoren auflösen

Nach Bedarf.

Schritt 11: Körperliche Symptome klopfen

Nach Bedarf.

Schritt 12: Nahrung für die Seele

Sie stellen eine Liste auf, was Ihre Seele erfreut und Sie in Kontakt zu Ihr bringt. Planen Sie bewusst ein bis zwei entsprechende Situationen pro Tag ein. Zusätzlich bearbeiten Sie mit EFT alles, was dagegen spricht, das auch wirklich zu tun, und alles, was Sie daran hindert, das Leben in allen Facetten zu genießen.

Immer.

Schritt 13: Selbstbild anpassen

Nachdem Sie in zwölf Schritten große Veränderungen ermöglicht haben, gilt es nun noch, das innere Bild, das Sie von sich haben, Ihr Selbstbild, der neuen Freiheit anzupassen.

6.2   Schritt 1: Stress-Liste

Nehmen Sie sich für diesen Schritt etwas Zeit. Gehen Sie in Gedanken Ihren beruflichen und privaten Alltag durch. Lenken Sie Ihr Augenmerk darauf, in welchem Zusammenhang Sie gestresst sind. Notieren Sie stichwortartig, was Ihnen einfällt. Schreiben Sie alles auf, ohne lange nachzudenken, abzuwägen oder zu bewerten.

Diese Sammlung ist die Grundlage für Ihre weitere Arbeit mit EFT. Deshalb sollten Sie diesem Schritt entsprechend Aufmerksamkeit widmen. Denken Sie bitte nicht, es würde genügen, das in Gedanken durchzugehen. Es ist ganz wichtig, dass Sie alles aufschreiben.

Wenn Ihre Sammlung fertig ist, gehen Sie Ihre Notizen durch und stellen daraus Ihre Liste von Stress-Situationen zusammen, wobei Sie die ärgsten an den Anfang stellen sollten, ohne nun lange zu überlegen.

Sie können und sollten diese Liste in der Folge ergänzen, wenn Ihnen weitere Punkte einfallen oder sich Situationen ergeben, die Ihnen zeigen, was Sie stresst. Wenn Sie mit der Zeit feststellen, dass Punkte auf Ihrer Liste den Schrecken für Sie verloren haben, streichen Sie die durch. So haben Sie immer eine aktuelle Liste, mit der Sie bei Bedarf arbeiten können.

6.3   Schritt 2: Analyse der Liste

In diesem Schritt beginnt die Arbeit mit der Liste. Es kann gut sein, diesen Schritt mit einem zeitlichen Abstand zum ersten zu machen, vielleicht am folgenden Tag.

Nehmen Sie jeden einzelnen Punkt der Liste und betrachten die Situation unter folgenden drei Aspekten:

▧ In welchen Aspekten der Situation fühle ich mich ausgeliefert?

param

- Welches sind die Glaubensmuster, die inneren Haltungen, die den Stress verstärken?
- Wie reagiere ich konkret auf die Situation

Situationen rauben uns die Kraft, wenn wir abhängig sind, uns hilflos und ausgeliefert fühlen. Ihr Chef schubst Sie herum, aber Sie müssen sich das gefallen lassen, weil Sie fürchten, sonst Ihren Arbeitsplatz zu verlieren. Hier gibt es zwei Aspekte zu beachten. Sie fühlen sich ausgeliefert, weil Ihr Chef Sie schlecht behandelt *und* weil Sie um Ihre Sicherheit, Ihren Arbeitsplatz fürchten.

Hinter jedem Verhalten stecken Glaubensmuster. Es ist nötig, in einen gewissen inneren Abstand zu gehen, um sie bei sich selbst zu erkennen. Was denken Sie in dieser Situation über sich und die anderen? Sie können sich beispielsweise auch fragen, welche Erwartungen Sie nicht erfüllen, eigene oder fremde? Oder was könnte schlimmstenfalls geschehen? Warum fürchten Sie, Ihren Arbeitsplatz zu verlieren? Welche Gedanken stecken dahinter? »Ich muss froh sein, diese Stelle zu haben«; »Aus mir wird ja doch nie etwas Ordentliches«; »Ich habe es nicht besser verdient.«

Der Energieverlust, den Sie in der Situation erleben, ist vielleicht von körperlichen Reaktionen oder Empfindungen begleitet. Zittern Sie, haben Schweißausbrüche, bekommen Kopfschmerzen oder rote Flecken auf der Haut? Oder werden Sie wütend, schämen sich, werden depressiv?

Mögliche Beispiele

Welche Situation stresst mich? Was genau? Wenn der Chef dabei ist. Wenn es mehr als drei Leute sind, die mich alle anschauen. Ich bin schon eine halbe Stunde vorher nervös.

Gibt es innere Bewertungen der Situation? Alle schauen mich kritisch an und ich habe den Eindruck, ich hätte etwas Falsches gesagt. Ich habe eben keine akademische Bildung. Ich bin nicht so gut wie die anderen. Meine Leistung genügt nicht. Der Chef wartet nur auf einen Grund, mich zu entlassen. Die anderen sind rücksichtslos.

Wie reagiere ich konkret? Mein Herz schlägt mir bis zum Hals. Ich bekomme feuchte Hände. Ich verliere den Faden beim Sprechen. Ich fange an zu stottern, werde knallrot, fühle mich ausgeliefert und hilflos. Ich komme mir vor wie als kleiner Junge. Ich könnte vor Scham in den Boden versinken. Ich habe Angst, meinen Job zu verlieren. Ich fühle mich angegriffen. Ich fühle mich nicht respektiert.

Wenn Sie alle Punkte Ihrer Stress-Liste mit diesen Fragen durchleuchtet haben, werden sich bestimmte Aspekte herauskristallisieren, die sich wiederholen. So finden Sie Ihre persönlichen inneren und äußeren Stress-Verstärker.

6.4 Schritt 3: Korrektur der psychischen Umkehrungen

Vom ersten Tag an können Sie parallel zu diesem Schritt mit Schritt 4 weitermachen.

Die Korrekturen dieser PU sollten etwa acht Wochen zu Ihrem täglichen Programm gehören und zwar unabhängig von der Bearbeitung konkreter Stress-Situationen mit EFT. Diese PU-Korrekturen öffnen die verschlossenen Türen auf Ihrem Weg zur Heilung und verhindern somit, dass Sie dagegen laufen.

Beim Burnout-Syndrom liegen immer massive PU vor. Diese Korrekturen dauern jeweils nur wenige Minuten und Sie sollten das möglichst achtmal am Tag tun. Sprechen Sie den jeweiligen Satz dreimal laut und enthusiastisch (wenn nicht anders möglich, denken Sie ihn) und klopfen dazu den angegebenen Punkt.

Folgende PU liegen fast immer vor und sollten deshalb fester Bestandteil Ihres Programms sein:

»Ich liebe und akzeptiere mich voll und ganz, mit all meinen Problemen und Einschränkungen.« *Wunder Punkt (WP)*

»Auch wenn ich es nicht verdiene, glücklich zu sein, liebe und akzeptiere ich mich voll und ganz.« *Punkt unter Lippe (UL)*

Und falls Sie größere gesundheitliche Probleme haben:

»Auch wenn ich es nicht verdiene, gesund zu sein, liebe und akzeptiere ich mich voll und ganz.« *Punkt unter Lippe (UL)*

Die folgenden massiven PU kommen in etwa der Hälfte aller Fälle vor. Lesen Sie die Sätze und achten auf Ihre Reaktion, wie ich es bereits erörtert haben. Im Zweifelsfall nehmen Sie einen Satz lieber auf, statt ihn auszulassen.

»Auch wenn es gefährlich / lebensgefährlich ist, glücklich zu sein, liebe und akzeptiere ich mich voll und ganz.« *Punkt unter Lippe (UL)*

»Auch wenn ich meine Identität verliere, wenn ich glücklich bin, liebe und akzeptiere ich mich voll und ganz.« *Wunder Punkt (WP)*

»Auch wenn ich ein/e Verräter/in bin, wenn ich glücklich bin, liebe und akzeptiere ich mich voll und ganz.« *Punkt unter Lippe (UL)*

> Schreiben Sie sich Ihre Sätze auf einen Zettel, den Sie immer bei sich tragen, damit Sie diese Korrekturen achtmal am Tag durchführen können, ganz gleich, wo Sie gerade sind.

Wenn Sie beispielsweise in der U-Bahn fahren, können Sie einen Satz denken und dabei wie versonnen den Punkt unter der Lippe klopfen. Niemand wird das bemerken. Oder Sie legen die Hand auf den Wunden Punkt (WP) und reiben ein wenig. Das ist ganz unauffällig. Lassen Sie die Ausrede nicht gelten: »Dafür habe ich keine Zeit.« Es kostet jeweils nur zwei bis drei Minuten, aber diese wenigen Minuten entscheiden darüber, ob Sie im weiteren Vorgehen offene oder geschlossene Türen vorfinden. Bevor Sie konkrete Aspekte mit EFT bearbeiten, führen Sie diese Korrekturen bitte auch immer durch. Es muss sichergestellt werden, dass die Türen offen sind.

Wenn Sie die Aspekte der nachfolgenden Schritte mit EFT behandeln und Sie stellen fest, dass auf der Stress-Skala nichts oder nur sehr wenig geschieht, führen Sie bitte alle der folgenden problemspezifischen PU-Korrekturen durch. Wo in eckiger Klammer *[Problem]* steht, setzen Sie Burnout, Erschöpfung etc. ein.

»Auch wenn ich es nicht verdiene, *[Problem]* zu überwinden, liebe und akzeptiere ich mich voll und ganz.« *Punkt unter Lippe (UL)*

»Auch wenn ich *[Problem]* nie überwinden werde, liebe und akzeptiere ich mich voll und ganz.« *Punkt unter Nase (UN)*

»Auch wenn es gefährlich/lebensgefährlich ist, *[Problem]* zu überwinden, liebe und akzeptiere ich mich voll und ganz.« *Punkt unter Lippe (UL)*

»Auch wenn ich *[Problem]* nicht überwinden will, liebe und akzeptiere ich mich voll und ganz.« *Handkantenpunkt (HK)*

»Auch wenn ich nicht daran glaube, *[Problem]* zu überwinden, liebe und akzeptiere ich mich voll und ganz.« *Handkantenpunkt (HK)*

»Auch wenn ich meine Identität verliere, wenn ich *[Problem]* überwinde, liebe und akzeptiere ich mich voll und ganz.« *Wunder Punkt (WP)*

6.5   Schritt 4: Weitere Hindernisse

In diesem Schritt wird hinterfragt, ob es noch etwas gibt, was Sie daran hindert, Ihre Erschöpfungsthematik jetzt in Angriff zu nehmen. Sie haben rational den Vorsatz, Ihre Situation zu verändern, sonst würden Sie nicht mit EFT arbeiten wollen, aber in Ihrem Unterbewusstsein können noch ein paar Widerstände vorhanden sein.

Fragen Sie sich:

- »Ist es Zeit, dieses Problem jetzt in Angriff zu nehmen?«
- »Bin ich auf allen Ebenen bereit, das Problem wirklich loszulassen?«
- »Gibt es noch irgendeine laute oder leise Stimme in meinem Innern, die keine Veränderung will?«
- »Habe ich das Gefühl, eine Veränderung sei gar nicht möglich?«

Im Folgenden sind mögliche Aspekte zu diesem Fragenkomplex aufgelistet. Nehmen Sie alle Sätze, die in Ihnen anklingen oder Sie aggressiv machen und klopfen mit jedem dieser inneren Einwände den vollständigen EFT-Ablauf, bis Sie auf der Stress-Skala bei Null angekommen sind. Sie können die Sätze natürlich auch Ihren individuellen Empfindungen entsprechend abändern.

»Auch wenn ich keine Zeit für dieses Programm habe, liebe und akzeptiere ich mich voll und ganz.«

»Auch wenn ich Angst habe, einen Fehler zu machen und darum lieber nichts tue, liebe und akzeptiere ich mich voll und ganz.«

»Auch wenn ich sehr unsicher bin, ob ich den EFT-Ablauf richtig mache, liebe und akzeptiere ich mich voll und ganz.«

»Auch wenn EFT bestimmt nicht wirkt, wenn ich einen Fehler dabei mache, liebe und akzeptiere ich mich voll und ganz.«

»Auch wenn ich mich zu sehr schäme, um das in Angriff nehmen zu können, liebe und akzeptiere ich mich voll und ganz.«

»Auch wenn ich mir nicht vorstellen kann, diese schlimme Situation verändern zu können, liebe und akzeptiere ich mich voll und ganz.«

»Auch wenn ich gar keine Veränderung will, liebe und akzeptiere ich mich voll und ganz.«

»Auch wenn ich zu wenig Energie dazu habe, liebe und akzeptiere ich mich voll und ganz.«

»Auch wenn ich mich überfordert fühle, liebe und akzeptiere ich mich voll und ganz.«

»Auch wenn andere dafür verantwortlich sind, dass es mir jetzt so schlecht geht, liebe und akzeptiere ich mich voll und ganz.«

»Auch wenn ich nicht daran glaube, dass EFT wirkt, liebe und akzeptiere ich mich voll und ganz.«

»Auch wenn EFT für meine komplexe Situation zu einfach ist, liebe und akzeptiere ich mich voll und ganz.«

»Auch wenn mir das viel zu anstrengend ist, liebe und akzeptiere ich mich voll und ganz.«

Wenn Sie jetzt das Gefühl haben, es gäbe noch immer innere Einwände, dann fragen Sie sich, ob es ein anderes Thema gibt, dass Sie zuerst bereinigen müssen, damit Sie danach hier weitermachen können. Es kann sein, dass ein Thema so sehr an Ihnen nagt, dass es alles andere überlagert, zum Beispiel eine traumatische Erfahrung; ein stark belastetes Verhältnis (Streit) zu einer oder mehreren Personen; etwas in der Vergangenheit, wo Sie wirklich eine größere Schuld auf sich geladen haben, wo Sie also tatsächliche Gründe für Schuldgefühle haben.

Vielleicht gibt es auch ein Erlebnis, bei dem Sie Opfer waren. Dann haben Sie jetzt womöglich das Gefühl, dem ›Täter‹ einen Gefallen zu tun, wenn Sie ihre Opferrolle aufgeben. Wenn dies zutrifft, sollten Sie sich bewusst machen, dass Sie sich mit diesen Hassgefühlen nur selbst schaden, weil Sie Ihr eigenes System damit vergiften, nicht das des Täters.

Wenn man eine sehr belastende Situation erlebt hat, kann es sein, dass sich im ganzen System ein Opferbewusstein etabliert und alle Lebensbereiche infiltriert, ähnlich wie ein Computervirus, der sich immer weiter auf einer Festplatte ausbreitet.

Falls dies auf Sie zutrifft, sollte dieses Ereignis zuerst bereinigt werden. Suchen Sie sich eine Person Ihres Vertrauens, die Ihnen hilft, diese belastende Situation aufzulösen.

naram

Scham hat noch weniger Energie als Schuldgefühle. Deshalb wenden wir uns nun den Schamgefühlen zu. Schämen Sie sich dafür, dass Sie so ausgebrannt sind? Spüren Sie ehrlich in sich hinein. Ein solches Schamgefühl ist nicht ungewöhnlich, denn wir wollen ja immer perfekt sein, es allen recht machen und gefallen. Vielleicht schämen Sie sich, weil Sie den eigenen Anforderungen oder denen anderer nicht (mehr) genügen. Es kann auch sein, dass sich Ihr Schamgefühl auf bestimmte Personen bezieht, in deren Augen Sie versagt haben, oder bei denen Sie dieses Urteil befürchten, wenn Ihr Burnout bekannt wird.

Dieser Schritt kann der unangenehmste des ganzen Leitfadens sein. Deshalb sollten Sie ihn besonders mutig angehen und die Frage nach Schamgefühlen nicht eilig vom Tisch wischen. Vielleicht haben Sie bei diesem Schritt nur wenig zu klopfen, vielleicht ist es mehr. Nehmen Sie sich noch einmal Ihre Stress-Liste und die Analyse dazu vor (Schritte 1 und 2). Wenn Sie die Punkte durchgehen, stoßen Sie womöglich auf dahinter liegende Scham.

Es kann so weit gehen, dass Sie selbst die Scham gar nicht spüren und auf andere projizieren. Konkret kann das so aussehen, dass Sie sich für andere schämen, Ihnen beispielsweise das Verhalten Ihrer Kinder peinlich ist oder das alte Auto, das Sie fahren müssen. Oder Sie beschämen andere, stellen immer wieder andere bloß, auch wenn das vielleicht spontan, unbewusst oder aus Naivität geschieht. Es geht darum, um jeden Preis besser dazustehen, als die anderen.

Also ganz gleich, in welcher Erscheinungsform das Thema Scham in Ihrem Leben vorkommt, bearbeiten Sie dieses Thema als Ihr eigenes. Mögliche Aspekte könnten sein:

»Auch wenn ich mich für mich schäme, liebe und akzeptiere ich mich voll und ganz.«

»Auch wenn ich mich für meinen Körper schäme, liebe und akzeptiere ich mich voll und ganz.«

»Auch wenn ich mich für meine Geltungssucht schäme, liebe und akzeptiere ich mich voll und ganz.«

»Auch wenn ich mich für *[Gegenstand oder Sachverhalt]* schäme, liebe und akzeptiere ich mich voll und ganz.«

»Auch wenn ich mich dafür schäme, dass ich…

… immer zu spät komme,…
… total erschöpft und ausgebrannt bin,…
… versagt habe,…
… Person XY enttäuscht habe,…
… den Erwartungen meines Vaters / meiner Mutter nicht gerecht werde,…
… meine Ziele nicht erreicht habe,…
… Raubbau an meinem Körper getrieben habe,…
… nicht rechtzeitig auf die Signale meines Körpers gehört habe,…
… keine Leistung mehr bringen kann,…
… viele Fehler mache,…

… liebe und akzeptiere ich mich voll und ganz.«

»Auch wenn ich mich schäme, weil…

… mir jeder ansieht, wie schlecht es mir geht,…
… mein Körper nicht mehr mitspielt,…
… die Kollegen über mich reden,…
… ich meine Familie vernachlässige,…
… ich keine Zeit für meine Freunde habe,…

… liebe und akzeptiere ich mich voll und ganz.«

»Auch wenn ich mich vor *[Person]* schäme,...

... dass ich ein Burnout habe,...
... dass ich versagt habe,...
... dass ich jeden Moment versagen kann,...
... den Anforderungen nicht zu genügen,...
... meinen Anforderungen nicht zu genügen,...
... dass ich es nicht geschafft habe,...

... liebe und akzeptiere ich mich voll und ganz.«

Sollten Sie merken, dass Sie sich aktuell mehrmals pro Tag schämen, dann führen Sie den nächsten Schritt zuerst mit dem Gefühl der Scham durch und danach dann erst mit der Schuld.

Schritt 6: Schuldgefühle auflösen 6.7

Schuld, ob begründet oder eingebildet, bewirkt eine starke Bindung an ein Problem. Sie ist wie ein Haken im Unterbewusstsein, der ein Problem immer wieder zurückholt, solange diese Schuld nicht aufgelöst wird. Diesen großen Energiefresser gilt es nun aufzulösen. Ähnlich wie bei der Scham sind uns Schuldgefühle nicht immer wirklich bewusst. Oft reagieren wir in einer bestimmten Weise oder haben unangenehme Gefühle, ohne zu bemerken, dass wir uns für irgendetwas verantwortlich und deshalb schuldig fühlen.

Es ist deshalb gut, wenn Sie sich etwas Zeit nehmen und sich vergegenwärtigen, in welchen Situationen oder weswegen Sie sich schuldig fühlen könnten oder wann und warum Sie ein schlechtes Gewissen haben. Halten Sie sich nicht damit auf, die Schuld zu bewerten oder zu hinterfragen. Das ist Zeitverschwendung. Sammeln Sie nur Aspekte Ihres Schuldigfühlens und schreiben diese auf.

Ordnen Sie Ihre Liste so, dass aktuelle und schwerwiegendere Schuldgefühle oben stehen, und arbeiten in den folgenden Wochen diese Liste Punkt für Punkt ab. Nehmen Sie sich eine Viertelstunde pro Tag, um die aktuellen Schuldgefühle zu klopfen. Sie können zum Beispiel jeden Abend einen Tagesrückblick machen und zu allen Situationen, in denen Sie Ihren inneren oder äußeren Anforderungen nicht genügt haben, das schlechte Gewissen klopfen. Wenn Sie für die aktuellen Schuldgefühle weniger als fünfzehn Minuten benötigen, nutzen Sie den Rest der Zeit für die Aspekte von Ihrer Liste.

Mögliche Sätze

»Auch wenn ich ein schlechtes Gewissen habe, weil ich ...

... *[Person]* nicht anrufe, ...
... *[Sachverhalt]* falsch gemacht habe, ...
... mir Zeit für mich nehme, ...
... *[Person]* wegen mir schlecht drauf ist, ...
... *[Sachverhalt]* nicht erledigt habe, ...
... für *[Sachverhalt]* noch keine Lösung habe, ...
... früher nach Hause gehe, ...
... mit diesem Auftrag noch nicht fertig bin, ...
... keine Zeit hatte, *[Sachverhalt]* perfekt zu machen, ...
... nächste Woche in die Ferien gehe, ...
... es *[Person]* schlecht geht und ich nicht helfen kann, ...
... keine Zeit für die Familie/Freunde habe, ...

... liebe und akzeptiere ich mich voll und ganz.«

Bei diesem Schritt bleiben Sie bitte so lange, bis Sie nur noch selten ein schlechtes Gewissen haben. Je weniger aktuelle Situationen Sie zum Klopfen haben, desto mehr Aspekte nehmen Sie von Ihrer Liste. Prüfen Sie die Aspekte der Liste mit der Stress-Skala. Wenn einer vor dem Klopfen bei Null ist, streichen Sie ihn durch. Überprüfen Sie durchgestrichene Aspekte aber in gewissen Abständen immer mal wieder, um sicherzustellen, dass sie sich nicht wieder eingeschlichen haben.

Nehmen Sie sich für diesen Schritt genügend Zeit. Sie werden schon bald bemerken, dass Sie sich anders verhalten. Vielleicht bemerken Sie es selbst gar nicht, sondern nur am Verhalten (Reaktion) Ihrer Umwelt. Je mehr Schuldaspekte Sie lösen, desto mehr kehrt Ihre Energie zurück.

Wenn Sie kaum noch aktuelle Schuldgefühle haben und Ihre Liste weitgehend abgeschmolzen ist, können Sie zum nächsten Schritt übergehen und Schuldgefühle seltener, vielleicht zweimal pro Woche bearbeiten.

Schritt 7: Innere Antreiber auflösen 6.8

Nachdem Sie das Fass des schlechten Gewissens weitgehend geleert haben, soll dieser Schritt sicherstellen, dass es sich nicht fortwährend wieder füllt. Verantwortlich dafür sind die inneren Antreiber, denen Sie jetzt zu Leibe rücken. Falls man diesen Schritt nicht machen würde, käme das schlechte Gewissen oder dieses ›andere Gefühl‹ immer wieder. Die inneren Antreiber legen die Messlatte so hoch, dass es eigentlich unmöglich ist, nicht zu ›versagen‹. So erleben Sie fortgesetzt eine innere Differenz zwischen Soll und Haben und infolge davon ein schlechtes Gewissen, weil Sie Ihrem Soll nie genügen.

Es könnte sein, dass Sie inneren Widerstand spüren, diese Antreiber zu verändern. Dieser Widerstand äußert sich beispielsweise mit »keine Lust« oder »keine Zeit«. Wenn Sie bislang erfolgreich gewesen sind, schreiben Sie das bewusst oder nicht den Glaubensmustern zu, auf denen die Antreiber beruhen. Deshalb realisieren Sie die schädliche Wirkung der Antreiber gar nicht. Wenn Sie feststecken oder die knechtende Wirkung der Antreiber bereits erkannt haben, ist die Bereitschaft natürlich groß, sich von ihnen zu befreien.

Wenn es aber um Muster geht, mit denen man nach außen erfolgreich ist, gibt es die Angst, nichts mehr auf die Reihe zu bringen, wenn diese Antreiber aufgelöst werden. Ein beliebter Satz: »Ich brauche den Stress, um kreativ zu sein.«

Denken Sie an Ihre Erschöpfung, an die große Anstrengung, die es jeden Tag bedeutet, die Anforderungen zu bewältigen, an den Preis den Sie zahlen. Sie werden sich innerlich viel freier fühlen, wenn Sie diese inneren Antreiber verändert haben, und auch viel leistungsfähiger und kreativer sein.

Ein Muss wird zu einem Kann. Was jetzt noch ein ständiges forderndes Muss ist, wird zu einem freien, Leben bejahenden Kann. Dann spüren Sie Ihren wahren Wert, unabhängig von Ihrer Leistung und von Ihren Handlungen. Sie sind nicht Ihre Leistung. Und diese Antreiber sind nichts anderes, als die mehr oder weniger bewusste Kompensation von unbewussten Glaubenssätzen.

Beispiel: Sie möchten alles perfekt machen. Daraus folgt eine große Angst vor Fehlern. Gleichzeitig haben Sie genau das im Unterbewusstsein gespeichert: »Ich mache alles falsch.« Als Folge müssen Sie sich ständig beweisen und möchten auch die Bestätigung von außen, dass Sie etwas richtig machen.

In genau umgekehrter Folge entstehen solche Muster: Ich erlebe eine Situation, in der ich etwas falsch mache, und entwickle eine negative Idee über mich selber: »Ich mache etwas falsch.« Durch Wiederholung verstärkt sich dies zu einem Glaubensmuster: »Ich mache alles falsch.« Das gefällt mir natürlich nicht und ich verdränge es aus meinem bewussten Denken. In Situationen, in denen ich Gefahr laufe, etwas falsch zu machen, schaltet sich nun ein Kompensationsmechanismus ein, um das negative Glaubensmuster möglichst effizient zu überdecken. Der Antreiber ist geboren: »Ich muss perfekt sein.«

Die innere Aufforderung zum Perfektsein wird aber selten bewusst wahrgenommen, bestenfalls vorbewusst, denn der Vorgang läuft vollkommen automatisch ab. Eine bedrohliche Situation (Fehler machen) löst reflexhaft den inneren Antrieb zur Perfektion aus. Weil im Berufsalltag praktisch ununterbrochen die Möglichkeit besteht, einen Fehler zu machen, können Sie sich die Folgen ausmalen oder kennen Sie bereits am eigenen Leibe.

Wenn Glaubensmuster geklopft werden, arbeitet man ebenfalls mit der Intensitätsskala, aber statt der emotionalen Intensität beurteilen Sie die Stimmigkeit der Aussage. Zum Beispiel: »Ich muss perfekt sein.« Bestimmen Sie auf der Skala von Null bis Zehn, wie sehr dieser Satz innerlich für Sie stimmt. Zehn bedeutet absolut stimmig, Null überhaupt nicht stimmig. Der EFT-Ablauf ist der gleiche wie beim Klopfen belastender Emotion und das Ziel ist auch hier, auf der Skala die Null zu erreichen. Sie werden merken, wie sich durch diese Anwendung Ihre Art, die Welt zu sehen, sehr schnell verändert.

Es ist wichtig, dass Sie sich wirklich auf das Glaubensmuster des Antreibers konzentrieren und nicht auf all die Gefühle und Situationen, die dadurch im Leben ausgelöst wurden, sonst sind Sie auf der falschen Ebene.

Bei der Arbeit mit Glaubensmustern, vor allem mit übergeordneten, ist es sehr hilfreich, eine neue Entscheidung zu treffen. Wenn die Stimmigkeit des Antreibers auf der Skala zwischen Drei und Null liegt, können Sie die Entscheidungsmethode einsetzen. Ich werde Ihnen jeweils mögliche neue Entscheidungen nennen. Sie können die für Sie passende aussuchen, wenn Sie eine neue Entscheidung integrieren wollen, oder natürlich auch eine eigene formulieren.

Wenn Sie ein einengendes Glaubensmuster klopfen, sollten Sie sich auch nach dem Warum fragen. Bei: »Ich muss perfekt sein«; könnte das zum Beispiel sein:

- damit ich akzeptiert werde
- damit ich eine Existenzberechtigung habe
- weil das meine Eltern so verlangt hben
- damit ich dazugehöre
- damit man mich sieht

Diese Gründe verknüpfen Sie mit dem Glaubensmuster: »Auch wenn ich perfekt sein muss, damit ich akzeptiert werde, liebe und akzeptiere ich mich voll und ganz.« Falls Sie keine inneren Gründe haben oder finden, klopfen Sie den Antreiber ohne Zusatz. Es kann gut sein, dass Ihnen in der zweiten oder dritten Klopfrunde Gründe in den Sinn kommen, mit denen Sie dann weiterarbeiten können.

Nehmen Sie den jeweils nächsten Grund: »Auch wenn ich immer noch perfekt sein muss, damit ich eine Existenzberechtigung habe, liebe und akzeptiere ich mich voll und ganz.« Vielleicht hat auch diese Begründung nun keine Stimmigkeit mehr für Sie, es kann aber auch sein, dass sich mit einer neuen Begründung wieder ein höherer Wert zeigt. Dann klopfen Sie mit diesem Satz weiter.

Auf diese Weise arbeiten Sie die komplette Liste ab. Wenn Sie durch sind, sollten Sie noch einmal die Stimmigkeit des Antreibers überprüfen: »Ich muss perfekt sein.« Wenn er noch einen Wert hat, gibt es vielleicht noch weitere Gründe, nach denen Sie forschen sollen. Gründe sind an dieser Stelle nur ein anderes Wort für Aspekte.

Legen Sie die Gründe, die Ihnen einfallen, nicht auf die Goldwaage, sondern nehmen, was Ihnen spontan in den Sinn kommt. Sie können nichts falsch machen und es ist besser, mit etwas zu klopfen, das gar kein Grund ist, als einen Grund nicht zu klopfen. Das Ziel ist, die mit diesem Antreiber verbundenen Assoziationsketten aufzuspüren und aufzulösen.

Im Folgenden gehe ich die Antreiber durch, die beim Burnout-Syndrom eine wichtige Rolle spielen. Sie können diese in der vorgegebenen Reihenfolge bearbeiten oder vom stärksten zum schwächsten. Es muss nicht sein, dass diese Antreiber bei Ihnen wirksam sind, ich empfehle aber, mit den hier vorgestellten vorsichtshalber zu klopfen. Es kann natürlich auch sein, dass Sie noch weitere Antreiber haben. Schauen Sie dazu auf Ihre Stress-Liste und die Analyse (Schritte 1 und 2).

Für jeden der vier großen Burnout-Antreiber zeige ich Ihnen die detaillierte Vorgehensweise. Dieses Muster können Sie auf andere Antreiber leicht übertragen.

Bei diesem inneren Antreiber ist das oberstes Gebot, erfolgreich zu sein. Der eigene Wert wird maßgeblich daran gemessen, wie perfekt man etwas macht, und das meist in allen Lebensbereichen. Man hat ein großes Bedürfnis nach Anerkennung der eigenen Leistung.

Ihre persönliche Formulierung dieses Antreibers kann lauten:

»Auch wenn ich perfekt sein muss,...
»Auch wenn ich alles perfekt machen muss,...
»Auch wenn ich Erfolg haben muss,...
»Auch wenn ich sehr viel leisten muss,...

Beispiele für Gründe:

... damit man mich liebt,...
... weil ich sonst ein Versager bin,...
... ich das als Kind musste,...
... damit ich überleben kann,...
... damit ich eine Existenzberechtigung habe,...
... damit ich akzeptiert werde,...
... weil nur Erfolg zählt,...
... wie die anderen das von mir erwarten,...
... weil ich das von mir erwarte,...
... weil ich niemanden enttäuschen möchte,...
... weil ich meine Eltern nicht enttäuschen möchte,...
... weil das in unserer Familie so üblich ist,...
... damit ich etwas wert bin,...
... damit ich mithalten kann,...

... liebe und akzeptiere ich mich voll und ganz.«

Klopfen Sie mit diesem inneren Antreiber, bis er keine Intensität mehr hat. Wenn der Prozess ins Stocken kommt, klopfen Sie eines der unten aufgeführten Glaubensmuster, das für Sie zutreffend ist. Danach machen Sie mit dem Antreiber weiter. Wenn der Antreiber keine Intensität mehr hat, klopfen Sie noch mit den anderen zutreffenden oder möglichen Glaubensmustern, um dem Antreiber jede Basis zu nehmen.

Mögliche Ursache für diesen Antreiber ist eine große Angst vor Misserfolg, vor Versagen und davor, auch nur den kleinsten Fehler zu machen. Je größer diese Angst ist, desto sicherer können Sie sein, dass in Ihrem Unterbewussten auch ein entsprechendes Glaubensmuster liegt. Sie spüren diese innere Wahrheit jedoch als Angst und nicht als Tatsache, geklopft wird sie aber als Tatsache. Dies ist für den Erfolg sehr wichtig. Wenn Sie nur die Angst klopfen, löst sich nur die Angst auf, aber das Glaubensmuster verändert sich nicht.

Klopfen Sie die für Sie zutreffenden Glaubensmuster:

»Auch wenn Ich keinen Erfolg habe,...
»Auch wenn ich Schuld bin, dass *[Sachverhalt]*...
»Auch wenn ich an allem Schuld bin,...
»Auch wenn ich mich für mich schäme,...
»Auch wenn ich ein Versager bin,...
»Auch wenn ich nicht perfekt bin,...
»Auch wenn ich alles/vieles falsch mache,...
»Auch wenn alle anderen viel erfolgreicher sind als ich,...
»Auch wenn alle anderen perfekt sind, nur ich nicht,...
»Auch wenn alle anderen besser sind als ich,...
»Auch wenn ich der Beste sein muss,...
»Auch wenn ich immer schlechter bin als andere,...
»Auch wenn ich extrem viel Leistung bringen muss,...
»Auch wenn meine Leistung nie genügt,...
»Auch wenn man mich nur sieht, wenn ich perfekt bin,...
»Auch wenn ich nur erfolgreich bin, wenn ich sehr viel leiste,...
»Auch wenn ich alles schaffen muss,...
»Auch wenn ich die Verantwortung für alles übernehme,...
»Auch wenn ich wertlos bin, wenn ich einen Fehler mache,...

»Auch wenn ich keine Fehler machen darf,...

»Auch wenn ich abhängig bin von den Bestätigungen der anderen,...

»Auch wenn ich angewiesen bin, dass andere meine Leistung loben,...

»Auch wenn man alles fertig machen muss, was man anfängt,...

»Auch wenn ich nie aufgebe und alles durchziehe,...

...liebe und akzeptiere ich mich voll und ganz.«

Klopfen Sie die zutreffenden Glaubenssätze, bis sie innerlich nicht mehr stimmen.

Jetzt können Sie, wenn Sie möchten, eine neue Entscheidung treffen.

In meiner Arbeit mit Klienten, ist es mir lieber, allgemein gefasste Entscheidungen zu nehmen, die das ganze Leben betreffen. Darum empfehle ich Ihnen pro Themenkreis nur eine neue Entscheidung, die Sie bei allen Aspekten desselben Themas nehmen. So wird diese eine sehr viel stärker im Unterbewusstsein verankert, als wenn Sie zwanzig verschiedene Entscheidungen treffen, aber jede nur einmal klopfen.

Sie können alle nachfolgend Entscheidungen beliebig mit den drei vorgeschlagenen Ergänzungen kombinieren oder auch ohne Ergänzung klopfen:

»Ich entscheide mich jetzt dafür,...

... dass Fehler Erfahrungen sind, aus denen ich lernen kann,...

... dass ich mich liebenswert fühle,...

... dass ich mich geliebt und akzeptiert fühle und mich am Leben freue,...

... mich von anderen so akzeptiert und geachtet zu fühlen, genau wie ich bin,...

... mich so zu lieben und zu akzeptieren, wie ich bin,...

... dass ich mich innerlich kraftvoll und leicht fühle,...
... mich (jederzeit) wertvoll und sicher zu fühlen,...
... mich (jederzeit) dazugehörig und sicher zu fühlen,...
... mich (jederzeit) innerlich frei und freudvoll zu fühlen,...
... mich an mir und meinen Fähigkeiten zu freuen,...
... dass ich mich (jederzeit) in mir geborgen und sicher
fühle,...

... ganz gleich, wie viel ich leiste.«
... genau so, wie ich bin.«
... ganz gleich, was um mich herum ist.«

6.8.2 Ich muss beliebt sein

Diesem Antreiber liegt ein übermäßig starker Wunsch nach
Liebe, Zugehörigkeit und Akzeptiertwerden zugrunde. Es »muss«
alles harmonisch sein. Auch hier ist das Ziel: vom Muss zum
Kann.

Alle Problemaussagen können Sie mit allen Begründungen
ergänzen. Spüren Sie auch in sich hinein, ob für Sie noch andere Aussagen wichtig sind.

»Auch wenn ich von allen geliebt/akzeptiert sein
muss,...
»Auch wenn ich von allen geliebt/akzeptiert sein will,...
»Auch wenn ich alle Erwartungen erfüllen muss,...
»Auch wenn ich alle Erwartungen erfüllen will,...
»Auch wenn ich mich anpassen muss,...
»Auch wenn die anderen wichtiger sind als ich,...

... damit ich dazugehöre,...
... damit ich akzeptiert werde,...
... damit ich mich wertvoll fühle/bin,...

... weil ich nur so Zuwendung bekomme,...
... weil ich das als Kind so gelernt habe,...
... damit ich eine Existenzberechtigung habe,...
... damit ich nicht ausgeschlossen bin,...
... damit ich einen Platz habe,...
... damit ich in Sicherheit bin,...
... damit ich erfolgreich bin,...

...liebe und akzeptiere ich mich voll und ganz.«

Klopfen Sie diesen inneren Antreiber, bis er kein Muss mehr ist. Es kann sein, wie schon oben beschrieben, dass die Auflösung des Antreibers stockt. Dann suchen Sie sich wieder von den unten aufgelisteten Glaubensmustern zutreffende heraus und klopfen abwechselnd ein Glaubensmuster und den inneren Antreiber. Sobald der Antreiber kein Muss mehr ist, klopfen Sie mit allen Glaubensmustern weiter, die für Sie zutreffend sind oder zutreffen könnten.

Dieser Antreiber entsteht durch eine große Angst vor Ablehnung, Kritik und Zurückweisung, Angst davor, die Erwartungen des Umfeldes nicht zu erfüllen. Auch hier können Sie davon ausgehen, je größer diese Angst ist, desto sicherer haben sie genau solche Glaubensmuster in Ihrem Unterbewusstsein gespeichert. Wenn Sie also eine große Angst vor Ablehnung haben, ist im Unterbewusstsein genau dieses Glaubensmuster gespeichert: »Ich werde abgelehnt.«

Klopfen Sie alle zutreffenden Glaubensmuster. Die kursiv gestellten Aussagen können sich auf spezielle Situationen beziehen oder auch ganz allgemein sein.

»Auch wenn ich mich nicht geliebt fühle,...
»Auch wenn ich schuld bin, dass *[Sachverhalt]*,...
»Auch wenn ich es niemandem recht machen kann,...
»Auch wenn man mir nichts recht machen kann,...
»Auch wenn ich mich für mich schäme,...
»Auch wenn ich mich nicht akzeptiert fühle,...

»Auch wenn ich *nicht dazugehöre* ,...

»Auch wenn man mich nicht hört,...

»Auch wenn man mich übersieht,...

»Auch wenn ich mich anpassen muss, damit ich geliebt werde,...

»Auch wenn ich alle Erwartungen erfüllen muss, damit ich akzeptiert werde,...

»Auch wenn ich es *niemandem recht machen* kann,...

»Auch wenn ich die Verantwortung für alle/alles übernehme, damit ich geliebt/akzeptiert werde,...

»Auch wenn ich die Verantwortung für alle/alles übernehme, damit ich eine Existenzberechtigung habe,...

»Auch wenn ich wertlos bin, wenn mich jemand nicht gern hat,...

»Auch wenn ich wertlos bin, wenn mich jemand kritisiert,...

»Auch wenn ich nur geliebt werde, wenn ich mich ›richtig‹ verhalte,...

»Auch wenn ich *immer zurückgewiesen* werde,...

»Auch wenn ich *abgelehnt* werde,...

»Auch wenn ich darauf angewiesen bin, dass ich von anderen akzeptiert werde,...

»Auch wenn ich auf Zuwendung und Bestätigung von anderen angewiesen bin,...

»Auch wenn ich von der Zustimmung anderer abhängig bin,...

»Auch wenn ich mich alleine/einsam fühle,...

»Auch wenn ich allein bin,...

»Auch wenn ich nicht allein sein kann,...

»Auch wenn ich nicht allein sein will,...

»Auch wenn man mich nicht um meiner selbst willen liebt/ akzeptiert,...

... liebe und akzeptiere ich mich voll und ganz.«

Nach dem Klopfen sollten die zutreffenden Glaubenssätze nicht mehr stimmen. Dann können Sie, wenn Sie wollen, eine neue Entscheidung treffen. Hier ein paar Vorschläge. Sie können wieder alle Entscheidungen mit den drei vorgeschlagenen Ergänzungen kombinieren oder auch ohne Ergänzung klopfen.

»Ich entscheide mich jetzt dafür,...

... mich so zu lieben und zu akzeptieren, wie ich bin,...
... mich dazugehörig und sicher zu fühlen,...
... mich an mir und meinen Fähigkeiten zu erfreuen,...
... die Verantwortung für mein Wohlbefinden zu übernehmen,...
... dass ich für mein Leben verantwortlich bin und jeder
für sein eigenes Leben verantwortlich ist,...
... dass ich geliebt und akzeptiert werde, so wie ich
bin,...
... dass ich mich in mir geborgen und sicher fühle,...

... ganz gleich, was um mich herum ist.«
... auch wenn andere eine andere Meinung haben.«
... damit ich mich sicher fühle.«

Ich muss Kontrolle haben 6.8.3

Dieser innere Antreiber zeigt sich als starker Wunsch nach
Sicherheit, Kontrolle und Übernahme von Verantwortung auch
für Angelegenheiten, mit denen man eigentlich nichts zu tun
hat. Es ist ein ständiges Auf-der-Hut-Sein mit dem Motto: »Vorsicht ist die Mutter der Porzellankiste.«

Sie können die beiden Problemaussagen mit allen nachfolgenden Gründen ergänzen. Spüren Sie auch in sich hinein, ob
es für Sie noch individuelle Aussagen gibt.

»Auch wenn ich Kontrolle über alles brauche,...
»Auch wenn ich die Verantwortung für alles/alle habe,...

... weil ich dann in Sicherheit bin,...
... damit ich mich sicher fühle,...
... weil ich mich nur auf mich selbst verlassen kann,...

... weil ich dann weiß, woran ich bin,...

... damit ich rechtzeitig eingreifen kann,...

... weil nur ich weiß, wie es richtig geht,...

... weil es nach meinem Kopf gehen muss,...

... damit ich weiß, was auf mich zukommt,...

... damit ich mich wertvoll fühle,...

... damit ich eine Existenzberechtigung habe,...

... weil ich dann auf die Zukunft vorbereitet bin,...

... damit ich für andere wertvoll bin,...

... weil ich als Kind schon für alles verantwortlich war,...

... weil mich jede Unsicherheit umbringt,...

... damit ich wichtig bin,...

... damit ich etwas darstelle,...

... weil sonst etwas Schreckliches passiert,...

... weil ich nicht mit der Ungewissheit der Zukunft leben kann,...

... um alles Unvorhersehbares auszuschalten,...

... liebe und akzeptiere ich mich voll und ganz.«

Klopfen Sie diesen inneren Antreiber, bis er kein Muss mehr ist. Auch hier kann es sein, dass die Auflösung des Antreibers stockt. Suchen Sie sich dann wieder von den unten aufgelisteten Glaubensmustern zutreffende heraus und klopfen abwechselnd ein Glaubensmuster und den inneren Antreiber. Sobald der Antreiber kein Muss mehr ist, klopfen Sie noch mit allen Glaubensmustern weiter, die für Sie zutreffend sind oder zutreffen könnten.

Die Ursache für diesen Antreiber ist eine große Angst, die Kontrolle zu verlieren, und vor der Ungewissheit der Zukunft. Auch hier können Sie wieder davon ausgehen, je größer Ihre Angst davor ist, desto sicherer ist vermutlich genau das in Ihrem Unterbewusstsein gespeichert. Wenn Sie große Angst vor Kontrollverlust haben, dann ist im Unterbewusstsein genau dieses Glaubensmuster gespeichert: »Ich habe keine Kontrolle.«

Klopfen Sie die zutreffenden Glaubensmuster:

»Auch wenn ich mir selber nicht traue,...
»Auch wenn ich anderen nicht traue,...
»Auch wenn ich an allem Schuld bin,...
»Auch wenn ich Schuld bin, dass *[Sachverhalt]*...
»Auch wenn ich mich für mich schäme,...
»Auch wenn ich absolute Sicherheit brauche,...
»Auch wenn mich andere hintergehen,...
»Auch wenn mich *[Person]* hintergeht,...
»Auch wenn ich andere hintergehe,...
»Auch wenn die Zukunft nur schlechter wird,...
»Auch wenn ich keine Kontrolle über mich habe,...
»Auch wenn ich keine Kontrolle über andere habe,...
»Auch wenn ich keine Kontrolle über das Leben habe,...
»Auch wenn ich sterbe, wenn ich keine Kontrolle mehr habe,...
»Auch wenn ein Riesenunglück geschieht, wenn ich keine Kontrolle mehr habe,...
»Auch wenn ich ausgeliefert bin,...
»Auch wenn ich die Verantwortung nur übernehme, damit ich die volle Kontrolle habe,...
»Auch wenn ich die Ereignisse nur kontrollieren kann, wenn ich wachsam genug bin,...
»Auch wenn man sehr vorsichtig sein muss,...
»Auch wenn man jeden Moment eine böse Überraschung erleben kann,...
»Auch wenn ich enttäuscht bin,...
»Auch wenn ich immer das Schlimmste* befürchte,...
»Auch wenn ich kein Vertrauen ins Leben habe,...
»Auch wenn mir das Leben übel mitspielt,...

... liebe und akzeptiere ich mich voll und ganz.«

Nach dem Klopfen sollten die Glaubenssätze nicht mehr stimmen. Dann können Sie, wenn Sie wollen, eine neue Entscheidung treffen. Hier ein paar Vorschläge. Sie können wieder

*hier auch konkrete Situationen benennen

alle Entscheidungen mit den drei vorgeschlagenen Ergänzungen kombinieren oder auch ohne Ergänzung klopfen.

»Ich entscheide mich jetzt dafür,...

... mich dem Fluss des Lebens vertrauensvoll hinzugeben,...
... meiner inneren Weisheit jederzeit zu vertrauen,...
... die Herausforderungen des Lebens mit Leichtigkeit und Weisheit zu meistern,...
... mich von anderen genau so akzeptiert und geachtet zu fühlen, wie ich bin,...
... mich so zu lieben und zu akzeptieren, wie ich bin,...
... mich innerlich kraftvoll und leicht zu fühlen,...
... mich (jederzeit) in mir geborgen und sicher zu fühlen,...

... ganz gleich, was um mich herum ist.«
... und Hilfe dankbar anzunehmen.«
... und mich dabei freudvoll und leicht zu fühlen.«

6.8.4	Ich muss stark sein

Dieser innere Antreiber beschreibt den starken Wunsch nach persönlicher Unabhängigkeit und Selbstbestimmung in jeder Situation. Ich muss immer stark sein und darf und will keine Hilfe annehmen. Dahinter steckt die Vorstellung, wer Hilfe braucht oder annimmt, sei schwach.

Alle Problemaussagen können Sie mit allen Begründungen kombinieren. Spüren Sie auch in sich hinein, ob für Sie noch andere Aussagen wichtig sind.

»Auch wenn ich immer stark sein muss,...
»Auch wenn ich nicht schwach sein darf,...
»Auch wenn ich absolute Freiheit brauche,...
»Auch wenn ich total unabhängig sein muss/will,...

... weil ich so erzogen wurde,...
... weil ich mich nur so sicher fühle,...
... weil ich sonst wertlos bin,...
... weil ich mich sonst blamiere,...
... weil ich mich sonst wertlos fühle,...
... weil ich jederzeit selbst entscheiden muss,...
... weil man einfach stark sein muss,...
... damit ich Anerkennung bekomme,...
... damit andere mich bewundern,...
... damit ich Kontrolle habe,...
... weil ich für alles verantwortlich bin,...
... weil die anderen das von mir erwarten,...
... weil ich mich sonst auflöse,...
... damit ich mich wertvoll fühle,...
... damit ich eine Existenzberechtigung habe,...
... weil ich nichts anderes kenne,...
... weil ich mich sonst verliere,...
... weil ich mich sonst nicht abgrenzen kann,...
... weil ich ja sowieso alles alleine machen muss,...
... weil ich sonst anderen zur Last falle,...

... liebe und akzeptiere ich mich voll und ganz.«

Klopfen Sie diesen Antreiber, bis er kein Muss mehr ist. Es kann wieder sein, dass die Auflösung des Antreibers ins Stocken gerät. Suchen Sie sich dann von den unten aufgelisteten Glaubensmustern zutreffende heraus und klopfen abwechselnd ein Glaubensmuster und den inneren Antreiber. Sobald der Antreiber kein Muss mehr ist, klopfen Sie noch mit allen für Sie zutreffenden Glaubensmustern weiter.

Die Ursache dieses Antreibers ist eine große Angst vor Abhängigkeiten jeglicher Art, eigenen und fremden Schwächen und Hilfsbedürftigkeit. Sie können wieder davon ausgehen, je größer die Angst ist, desto mehr haben Sie vermutlich genau das im Unterbewusstsein gespeichert. Wenn Sie große Angst davor haben, schwach zu sein, gibt es im Unterbewusstsein genau diese Überzeugung. »Ich bin schwach.«

Klopfen Sie die zutreffenden Glaubensmuster:

»Auch wenn ich schwach bin,...
»Auch wenn ich mich hilflos fühle,...
»Auch wenn ich mich ausgeliefert fühle,...
»Auch wenn ich ausgeliefert bin,...
»Auch wenn ich anhängig bin,...
»Auch wenn ich von *[Person]* abhängig bin,...
»Auch wenn ich hilflos bin,...
»Auch wenn ich keine Hilfe annehmen darf,...
»Auch wenn nur weiterkommt, wer stark ist,...
»Auch wenn ich überfordert bin,...
»Auch wenn ich mich überfordert fühle,...
»Auch wenn die andern mich nur lieben/akzeptieren, wenn ich stark bin,...
»Auch wenn ich mich nur annehmen kann, wenn ich stark bin,...
»Auch wenn ich wertlos bin, wenn ich Hilfe brauche,...
»Auch wenn niemand meine Schwäche sehen darf,...

... liebe und akzeptiere ich mich voll und ganz.«

Nach dem Klopfen sollten die Glaubenssätze nicht mehr stimmen. Dann können Sie, wenn Sie wollen, eine neue Entscheidung zu treffen. Hier ein paar Vorschläge. Sie können wieder alle Entscheidungen mit den vier vorgeschlagenen Ergänzungen kombinieren oder auch ohne Ergänzung klopfen.

»Ich entscheide mich jetzt dafür,...

... die Herausforderungen des Lebens mit Leichtigkeit und innerer Weisheit zu meistern,...
... dass ich mich geliebt und akzeptiert fühle und mich am Leben freue,...
... mich von anderen genau so akzeptiert und geachtet

zu fühlen, wie ich bin,...

... mich so zu lieben und zu akzeptieren, wie ich bin,...

... dass ich mich innerlich kraftvoll und leicht fühle,...

... mich (jederzeit) wertvoll und sicher zu fühlen,...

... mich (jederzeit) dazugehörig und sicher zu fühlen,...

... mich an mir und meinen Fähigkeiten zu erfreuen,...

... mich (jederzeit) innerlich frei und freudvoll zu fühlen,...

... dass ich mich (jederzeit) in mir geborgen und sicher fühle,...

... mit all meinen Stärken und Schwächen.«

... egal, was um mich herum ist.«

... und Hilfe dankbar anzunehmen.«

... und mich freudvoll und leicht zu fühlen.«

Schritt 8: Weitere Glaubensmuster verändern   6.9

Hier folgt noch eine Auswahl stressverstärkender Glaubensmuster über die Welt und die Einstellung dazu. Schauen Sie sich die Sammlung genau an. Wenn Sie bei einem Glaubensmuster im ersten Moment denken, das sei doch einfach so, stellen Sie sich diese Fragen:

▨ Warum muss das so sein?

▨ Warum weiß ich so sicher, dass das richtig ist?

▨ Wer sagt das? Was befähigt diese Person, das zu wissen?

▨ Weiß das wirklich überhaupt jemand sicher?

Und zur Überprüfung:

▨ Was könnte man auch noch darüber denken?

▨ Gibt es jemanden, der anders darüber denkt?

▨ Gibt es Beispiele, die das Gegenteil zeigen?

▨ Was könnte ich darüber denken, das mir die größtmögliche Freiheit lässt?

Beispiele für Glaubensmuster über die Welt und das Leben

»Die Welt ist schlecht.«

»Die Welt ist ein bedrohlicher Platz.«

»Die Welt ist unsicher.«

»Die einen stehen auf der Sonnenseite des Lebens, die anderen nicht.«

»Man muss vorsichtig sein.«

»Die Welt schuldet mir etwas.«

»Es ist halt so.«

»Da kann man nichts machen.«

»Da muss man durch.«

»Das Leben ist schwer.«

»Das Leben ist mühsam.«

»In dieser Welt ist man nirgends sicher.«

»Das Leben ist ein einziger Kampf.«

»Irgendetwas muss man ja haben.«

Beispiele für Glaubensmuster über mich

»Ich kann nicht [...].«[*]

»Ich bin eh nicht gut genug.«

»Es reicht/genügt nie, was ich mache.«

»Ich bin zu langsam.«

»Ich muss mich um andere kümmern, damit mein Leben einen Sinn hat.«

»Andere sind von mir abhängig.«

»Ich lerne langsam und schwer.«

»Ich kann mir nichts merken.«

»Ich bin halt speziell.«

»Ich bin ein Chaot.«

»Ich bin schnell/sofort überfordert.«

»Alle anderen sind besser als ich.«

»Ich schaffe das nicht.«

»Ich muss alles alleine machen.«

»Andere respektieren mich nicht.«

[*] Die sehr wichtigen Kann-nicht-Glaubensmuster können auf einen bestimmten Sachverhalt bezogen oder generalisiert sein.

»Man überhört/übersieht mich.«
»Ich muss der/die Beste sein.«
»Ich bin dumm/nicht intelligent.«
»Ich kann nichts recht machen.«
»Weil ich nicht studiert habe, bin ich weniger wertvoll.«
»Ich habe kein Talent.«
»Meine Umwelt entscheidet, ob sie eine Veränderung an mir zulässt.«
»Ich bin so, wie ich bin.«
»Ich bin ein Verstandesmensch.«
»Ich spüre meine Gefühle nicht.«
»Ich bin nicht liebenswert.«
»Ich bin ein Gefühlsmensch.«
»Ohne mich geht es nicht.«
»Ich bin nicht liebenswert, so wie ich bin.«

Beispiele für Glaubensmuster über Leistung, Arbeit und Geld

»Ohne Spaß macht Arbeit krank.«
»Wer seine Berufung findet, hat eine erfüllte Arbeit.«
»Geld bedeutet Unabhängigkeit.«
»Ich passe nicht in die Oberschicht.«
»Geld bedeutet Sicherheit.«
»Menschen mit Geld kann man nicht trauen.«
»Geld ist schlecht.«
»Ich werde immer über den Tisch gezogen.«
»Wer viel Geld hat, ist unehrlich.«
»Geld macht auch nicht glücklich.«
»Stillstand bedeutet Tod.«
»Entwicklung findet nur mit Leiden statt.«
»Entwicklung ist mühsam und endlos.«
»Es dauert lange, bis man etwas Komplexes gelöst hat.«
»Veränderungen sind gefährlich/bedrohlich.«

Glaubensmuster und Herkunftsfamilie   6.9.1

Das Unterbewusstsein wird grundlegend in der Kindheit ›programmiert‹. In dieser frühen Zeit wird maßgeblich bestimmt, was für uns ›die Wahrheit‹ ist. Diese Wahrheiten bezeichnen wir als Glaubensmuster, die unser ganzes Leben lang unser Verhalten prägen.

Nehmen wir jemanden, der in einer Familie groß geworden ist, in der es wichtiger war, ein Studium zu absolvieren und einen Titel zu erwerben, als einen Beruf zu wählen, der einem Freude macht. Jedes Kind will dazugehören und sucht Anerkennung, weil ihm das die nötige Sicherheit gibt. Deshalb wird es sich vermutlich eifrig bemühen, den Erwartungen der Familie gerecht zu werden.

Vielleicht hat die Familie auch eine Studienrichtung als besser angesehen als eine andere. Dann kann durchaus ein Fach gewählt, das zwar der Familie gefällt, nicht aber unbedingt den eigenen Fähigkeiten und Interessen entspricht, nur um nicht zum Außenseiter in der Familie zu werden.

Es ist nicht unbedingt notwendig, dass solche Erwartungen ausgesprochen werden, denn das Energiefeld der Familie strahlt sie unter Umständen über mehrere Generationen aus. Kinder sind sehr aufnahmefähig für solche Gedanken, die in der Luft liegen.

Im Laufe der Entwicklung können weitere Glaubensmuster hinzukommen. In der Pubertät beispielsweise können Familienerwartungen und -überzeugungen umgedreht werden. Dann wird gerade das studiert, was in der Familie nicht erwünscht ist, oder ein Beruf gewählt, der sie schockiert. Der Heranwachsende lehnt sich gegen den Erwartungsdruck auf und handelt all den ›Wahrheiten‹ zuwider, lebt von der Hand in den Mund, macht vielleicht gar keine Ausbildung und so weiter. Obwohl man eigentlich gerne seine Fähigkeiten und Intelligenz genutzt hätte, tun man es der Glaubensmuster wegen nicht. Man ist in diesem Fall also genauso in dem Muster gefangen, wie im ersten Fall. Ob man etwas muss oder auf gar keinen Fall will, das Problem hat denselben Ursprung.

Ich erwähne das, um dem Irrtum vorzubeugen, ein Familienthema wäre gelöst, wenn man das Gegenteil davon macht. Das kann sich im Alltag zum Beispiel so zeigen: Als ›Detektivin der Innenwelt‹ hatte ich mehrfach schon Klienten, die im Polizei-

param

dienst tätig waren. In diesem Berufsfeld geht es um Themen wie Gerechtigkeit, Schuld und um das Beweisen von Schuld oder Unschuld, um falsch oder richtig. Es ist aber auch bekannt, dass Recht nicht immer mit Gerechtigkeit gleichzusetzen ist.

Wer in diesem Beruf arbeitet, hat mit großer Wahrscheinlichkeit innere Themen rund um Schuld, Unschuld und Gerechtigkeit. Man sorgt für Gerechtigkeit, Schuld muss gebüßt werden. Der Gesetzesübertreter hat aber ganz genau die gleichen Themen, er lebt sie nur auf andere Weise aus. Er ›muss‹ den Gesetzen zuwider handeln. Gesetzeshüter und Gesetzesübertreter haben also dieselben inneren Themen.

Wenn ich den inneren Antreiber habe: »Es muss alles gerecht sein«, was sich als Faszination für dieses Gebiet zeigt, ist die Wahrscheinlichkeit groß, dass ich einen unbewussten Glaubensatz kompensieren will, der das Gegenteil beinhaltet.

Wenn Sie im Auto fahren und einen Polizeiwagen erblicken, wie reagieren Sie? Die meisten erschrecken, vielleicht schnellt sogar der Puls in die Höhe, und sie fragen sich sofort, ob sie etwas falsch gemacht haben. Sie reagieren, als wenn sie ertappt worden wären. Allein der Anblick eines Polizeiautos löst bei vielen schon das Thema Schuld aus, ohne dass es etwas mit der konkreten Situation zu tun hat.

Natürlich hat jedes Berufsfeld seine speziellen Themen. Dieses Beispiel soll nur dazu anregen, das eigene Berufsfeld aus dieser Perspektive zu betrachten und genauer unter die Lupe zu nehmen, wo sich Glaubensmuster in Form von Muss oder Auf-gar-keinen-Fall verstecken, um sie in ein Kann zu verwandeln.

Die Berufswahl ist von den Familienmustern, aber auch von andere Lebensthemen beeinflusst, vor allem von dem, was Sie unbedingt müssen oder auf gar keinen Fall wollen. Die Vorstellung davon, wie ›man‹ ist und wie man nicht ist, wie ›man‹ etwas macht oder nicht macht, ist häufig auf die Ursprungsfamilie zurückzuführen.

Folgende Fragen können Sie sich stellen, um Familienmuster herauszufinden:

»Wie muss(te) ›man‹ sein, damit ›man‹ dazugehört(e)?«

»Wie habe ich mich als Kind gefühlt?«

»Wie durfte ›man‹ nicht sein?«

»Was gehörte sich?«

»Was gehörte sich nicht?«

»Wie wurde in der Familie über Geld, Partnerschaft, Beruf etc. gesprochen?«

»Was wurde verschwiegen? Über was hat man nicht geredet?«*

»Was hat man immer zu mir gesagt, wie ich bin?«

»Was hat man mir gesagt, was ich kann und was nicht?«

»Was habe ich von meinen Bezugspersonen mitbekommen, wie die Welt ist?«

»Was muss in meinem Leben unbedingt sein?«

»Was darf in meinem Leben auf keinen Fall sein?«

Die Glaubensmuster, die Sie finden und verändern möchten, können Sie nach demselben Schema klopfen, wie bisher. Sie legen auf der Skala die Stimmigkeit fest und klopfen, bis diese auf Null ist. Berücksichtigen Sie bei diesen Glaubensmustern die Verbindung mit der Familie:

»Auch wenn ich studieren muss, um zur Familie zu gehören, liebe und akzeptiere ich mich voll und ganz.«

oder

»Auch wenn ich nicht studiert habe, weil man das in unserer Familie musste, liebe und akzeptiere ich mich voll und ganz.«

Weitere Beispiele

»Auch wenn ich nicht sprachbegabt bin, weil in der Familie niemand sprachbegabt ist,...

»Auch wenn ich kein Risiko eingehe, weil das in unserer Familie verpönt war,...

»Auch wenn ich nur dazugehöre, wenn ich sehr viel leiste, weil das als Kind von mir verlangt wurde und es alle in der Familie so machen,...

*Vorsicht: Scham

»Auch wenn ich erfolgreich sein muss, weil ich das als Kind gelernt habe,...

»Auch wenn ich nichts zu sagen habe, weil ich das als Kind schon nie durfte,...

»Auch wenn das Leben ein Kampf ist, weil das bei uns einfach so war,...

... liebe und akzeptiere ich mich voll und ganz.«

Natürlich kann jedes Glaubensmuster, das Sie finden, mit der Familie verknüpft sein. Dann ergänzen Sie es mit dem Satzteil: »... weil das in unserer Familie so war.«

Schritt 9: Sonstige Emotionen auflösen   6.10

Nun sind Sie schon ein großes Stück weiter. Herzlichen Glückwunsch! Die wichtigsten Emotionen, die es zu lösen galt, waren die Scham- und Schuldgefühle. Diese beiden werden Sie aber trotzdem noch eine Weile begleiten.

Ganz gleich, was Sie klopfen, fragen Sie sich zuerst immer:

- »Schäme ich mich dafür, oder könnte ich mich dafür schämen?«
- »Fühle ich mich verantwortlich für etwas oder jemanden, wo ich die Verantwortung gar nicht habe?«

Wenn Sie das bejahen, fühlen Sie sich in Folge auch schuldig oder haben ein schlechtes Gewissen. Wenn Sie also irgend etwas klopfen, dann berücksichtigen Sie immer zuerst eventuelle Schamgefühle, dann die Schuldgefühle und danach erst andere Gefühle oder Aspekte.

Sie können negativen Emotionen klopfen wie:

- Einsamkeit
- Eifersucht
- Hilflosigkeit

- Ohnmacht
- Ausgeliefertsein
- Ängste
- Wut
- Aggressionen
- ›komische‹ Gefühle, die Sie nicht recht benennen können

Aber auch:

- innere Leere
- Sinnlosigkeit
- Ziellosigkeit
- Trauer
- depressive Gefühle
- Versagen

Wenn mit den Emotionen körperliche Missempfindungen verknüpft sind, formulieren Sie den Satz nach dem Muster, dass Sie benennen, was und wann etwas ist und eventuell, warum es ist.

»Auch wenn ich am Morgen immer traurig bin, weil ich nicht mehr das Gewohnte leisten kann,...

»Auch wenn ich wütend bin, dass mir das jetzt passiert ist,...

»Auch wenn ich Angst vor *[Sachverhalt/Person]* habe, weil ich mich sehr unsicher fühle,...

»Auch wenn mich *[Sachverhalt/Person]* extrem wütend/aggressiv macht,...

»Auch wenn ich eifersüchtig auf *[Person]* bin, der/die immer viel besser ankommt,...

»Auch wenn ich mich hilflos/ausgeliefert fühle, weil alles über meinen Kopf hinweg bestimmt wird,...

»Auch wenn ich mich in den Meetings ohnmächtig fühle, wenn *[Ereignis]*,...

»Auch wenn ich mich alleine fühle,...

»Auch wenn ich so ein komisches Gefühl (im Bauch) habe,...

»Auch wenn ich mich innerlich leer fühle,...

»Auch wenn alles so sinnlos ist,...

»Auch wenn ich mich depressiv fühle,...
»Auch wenn ich mich als Versager fühle,...
»Auch wenn ich einen Kloß im Hals habe, wenn *[Ereignis]*,...
»Auch wenn es mir den Hals zuschnürt,...
»Auch wenn ich Durchfall bekomme, wenn ich Angst habe,...
»Auch wenn ich Kopfschmerzen bekomme, wenn ich unter Druck bin,...

... liebe und akzeptiere ich mich voll und ganz.«

So können Sie alle Situationen klopfen, die Ihnen Stress verursachen. Sie haben zu Beginn (Schritt 1) eine Liste mit persönlichen Stress-Situationen aufgestellt. Die können Sie jetzt daraufhin anschauen, ob und wie sich diese Aspekte inzwischen schon verändert haben. Wenn Sie die vorangegangenen Schritte alle durchlaufen haben, wird sich ziemlich sicher schon sehr viel verändert haben. Was sich noch nicht verändert hat, klopfen Sie in diesem und in den folgenden Schritten.

Schritt 10: Äußere Stress-Faktoren auflösen — 6.11

Optimaler Umgang mit Gegebenheiten — 6.11.1

Wir vergeuden im Alltag sehr viel Energie, weil wir Widerstand gegen Gegebenheiten aufbauen, die wir nicht ändern können.

Mit EFT haben Sie die Möglichkeit, Ihre Bewertungen von Situationen und den damit verbundenen inneren Widerstand zu neutralisieren. Sie können aber nur Ihre eigene Einstellung zu etwas klopfen, nicht das Verhalten anderer. Sie können nicht klopfen, dass der Chef weniger brüllt, wohl aber, dass sein Brüllen nicht Ihr Selbstwertgefühl ruiniert. Aber es ist oft zu beobachten, dass der Chef weniger brüllt, wenn Sie nicht mehr

Ändere, was Du ändern kannst. Akzeptiere, was Du nicht ändern kannst. Und lerne, das eine vom anderen zu unterscheiden.

emotional darauf reagieren. Wenn Sie in Ihrem Innern etwas verändern, wird die Umwelt anders auf Sie reagieren. So verändern Sie sich und auf wundersame Weise verändert sich auch Ihr Umfeld.

Die Welt ist, was Sie von Ihr denken. Mit anderen Worten ausgedrückt, ganz gleich, über wen Sie sich aufregen oder was Sie nervt und wie ›falsch‹ andere handeln, wenn Sie nicht neutral bleiben können, wenn Sie emotional reagieren, hat es etwas mit Ihnen zu tun.

Stellen Sie sich vor, Sie sind mit dem Auto unterwegs. Sie sind sehr in Eile. Aber gerade dann haben Sie einen Heuwagen vor sich und es gibt keine Möglichkeit zum Überholen. Endlich verlässt der Traktor die Straße, da biegt im letzten Augenblick ein anderer Wagen vor Ihnen ein. Der fährt auch nicht viel schneller als der Bauer. Sie sehen, es ist so ein Sonntagsfahrer mit Hut.

Es springt Sie förmlich an. In Ihnen gibt es eine Resonanz, eine Saite klingt an. In diesem Fall ist es, dass Sie auf keinen Fall langsam fahren möchten, oder sagen wir, Sie haben Angst, zu spät zu kommen, also zu langsam zu sein. Ihre Aufmerksamkeit ist auf »langsam« gerichtet. Die Energie folgt der Aufmerksamkeit. Deshalb gehen Sie mit allem Langsamen in Resonanz. Der Traktor und der Sonntagsfahrer sind somit die Ernte, die Sie einbringen, nachdem Sie »langsam« und »zu spät« gesät haben.

Alles, was Sie bekämpfen, ob im Innen oder Außen, wird Ihnen mit Sicherheit erhalten bleiben. Mit Ihrem Widerstand bauen Sie eine Energie auf, durch welche die Energie am ›gegenüberliegenden‹ Ende stabilisiert oder gar vergrößert wird. Das ist wie beim Seilziehen. So lange an beiden Enden gezogen wird, ist das System stabil. Lässt nur einer los, löst sich die Spannung, das Spiel ist vorbei.

Erkennen Sie ihren Anteil an belastenden Situationen. Erkennen Sie an, dass Sie Widerstand haben und gegen ›etwas‹ ankämpfen. Lösen Sie den Aspekt auf, den Sie in Ihrem Innern haben und der zum Kämpfen auffordert. Ganz gleich, ob am anderen Ende eine Person, ein Verhaltensmuster oder eine

naram

Emotion zieht, lassen Sie das Seil los. Dann bleibt nämlich der anderen Seite auch nichts anderes übrig, als loszulassen, weil das Seil nicht mehr unter Spannung steht.

Das hat übrigens nichts mit Gleichgültigkeit zu tun. Sie entwickeln eine freie Haltung, die es Ihnen ermöglicht, Ihre Kraft nicht für nutzlosen Widerstand, nagende Emotionen und Selbstzweifel zu verschleißen, sondern dort einzusetzen, wo es Sie wirklich voranbringt.

Einfach loslassen, das ist einfacher gesagt als getan, werden Sie jetzt vielleicht denken und sich an das Beispiel mit dem Traktor erinnern: Ich weiß jetzt, dass ich mich nicht mehr über den langsamen Traktor ärgern sollte, weil ich die Chance für eine Verbesserung der Situation damit verringere. Also versuch ich krampfhaft loszulassen und ärgere ich mich noch zusätzlich über mich selbst, weil ich trotzdem nicht in der Lage bin, ruhig zu bleiben. Ich entscheide mich immer selber, dass ich mich ärgere, dem Traktor und auch dessen Fahrer ist das völlig egal.

Mit EFT können Sie über solche Situationen schnell lachen, weil Ihnen bewusst wird, welchen Zwergenaufstand Sie veranstalten. Mit dem PU-Satz:

»Auch wenn ich *[Problemverhalten]*, liebe und akzeptiere ich mich voll uns ganz.«

Lassen Sie den sinnbildlichen Strick innerlich los. Sie hören auf zu kämpfen und dadurch fällt es Ihnen ganz leicht, Ihre Position zu verändern, einen Schritt zur Seite zu treten und die Relationen wieder klar zu sehen.

Für uns alle ist es schwer zu ertragen, wenn unsere Handlungsfreiheit eingeschränkt wird. Doch bedenken Sie bitte, dass Sie immer einen Handlungsspielraum haben, zumindest den, Ihre innere Einstellung zu verändern. Wir sträuben uns gewohnheitsmäßig dagegen, weil wir lieber im Schimpfen und Trotzen verharren, als eine wirkliche Lösung zu finden. Das macht dann den emotionalen Unterschied zwischen Ohnmacht und innerem Frieden aus.

Auch wenn Sie sich nicht gegen Veränderung sträuben, kann es Sie unter großen Stress setzen, wenn Sie sich wachsenden Anforderungen nicht mehr gewachsen fühlen.

Es ist nicht leicht zu erkennen, welche Anforderungen tatsächlich von außen kommen und welche man selbst (innerlich) erschafft. Meine Erfahrung ist, dass es auch in extremen Situationen am Arbeitsplatz sehr darauf ankommt, wie Sie mit sich umgehen. So wie Ihre innere Haltung ist, wird man Ihnen auch im Außen begegnen. Wenn Sie sich ein schlechtes Gewissen machen, kommt genau diese Energie in Ihrer Umwelt an.

Sie haben immer *einen Handlungsspielraum, mindestens den Ihrer inneren Einstellung.*

Sie können mit zwei grundsätzlich unterschiedlichen Haltungen für sich einstehen. Entweder fühlen Sie sich schuldig, haben ein schlechtes Gewissen, rechtfertigen sich, erklären, warum Ihnen etwas zusteht und wollen wütend oder mit emotionalem Druck Ihre Forderungen durchsetzen. Dabei strahlen Sie aus:»Ich bin schuldig, dass ich das will.« Und deshalb wird man Sie als schuldig ansehen, wird Ihnen eher Vorwürfe machen, wird Sie unter Druck setzen und Ihnen nicht zugestehen, was Sie beanspruchen. Und schon sind alle Ihre negativen Glaubenssätze wieder ›bestätigt‹.

Oder Sie haben eine liebevolle Beziehung zu sich und wissen, dass Sie mehr leisten, wenn Sie ausgeglichen bleiben. Sie sind innerlich im Einklang mit Ihren Bedürfnissen. Deshalb geben Sie ohne ein schlechtes Gewissen Ihre Bedingungen bekannt. Sie sind einfach so und deshalb haben Sie auch nicht das Bedürfnis, sich zu rechtfertigen. Dabei strahlen Sie aus: »Ich bin es wert, zu bekommen, was ich brauche.« Und deshalb wird man Sie als vollwertig wahrnehmen und wann immer möglich dem Rechnung tragen, was Sie beanspruchen, und zwar ohne Ihre Qualifikation anzuzweifeln, Sie werden im Gegenteil als kompetent wahrgenommen.

In diesem Zusammenhang spielt das schlechte Gewissen wieder eine zentrale Rolle. Klopfen Sie jegliches schlechte Gewissen in jeder einzelnen Situation. Sie werden bald bemerken, dass man Ihnen völlig anders begegnet. Ihr Ziel ist inneres Wohlbefinden. Wenn Sie im Außen nichts verändern können oder wollen, verändern Sie Ihre innere Einstellung.

Gehen Sie Ihre Stress-Liste (Schritt 1) durch und suchen Aspekte heraus, die Sie als gegeben und unveränderbar ansehen. Klopfen Sie diese Situationen, bei denen Sie das Gefühl haben, ausgeliefert zu sein, bis Ihr Gefühl dazu neutral ist. Mögliche Sätze könnten sein:

»Auch wenn ich an dieser Arbeitsstelle bleiben muss, weil ich nichts anderes finde,...

»Auch wenn ich ein schlechtes Gewissen habe, wenn *[Situation]*,...

»Auch wenn ich den Ausbrüchen meines Chefs hilflos ausgeliefert bin,...

»Auch wenn ich diesen Termindruck nicht mehr aushalte,...

»Auch wenn ich *[Person/Situation]* ausgeliefert bin,...

»Auch wenn über mich entschieden wird, wie es weiter geht,...

»Auch wenn ich mir alles gefallen lassen muss, weil ich Angst habe, entlassen zu werden,...

»Auch wenn ich mir *[Situation/Sachverhalt]* gefallen lassen muss, weil ich Angst habe, entlassen zu werden,...

»Auch wenn ich eh nichts bewirken kann,...

»Auch wenn ich nichts zu sagen habe,...

»Auch wenn ich mich hilflos fühle, weil *[Grund]*,...

»Auch wenn ich mich ausgeliefert fühle, weil *[Grund]*,...

»Auch wenn ich mich ohnmächtig fühle, weil *[Grund]*,...

»Auch wenn ich nur noch funktioniere,...

»Auch wenn meine Erwartungen *[evtl. benennen]* nicht erfüllt werden,...

... liebe und akzeptiere ich mich voll und ganz.«

Nachdem Sie alle stressigen Situationen bereinigt haben, werden Sie bemerken, dass Sie sich nicht mehr ohnmächtig und ausgeliefert fühlen.

Unser Alltag ist heute von ständigen Veränderungen geprägt, das Berufsleben noch mehr. Auch in Veränderungsprozessen fühlt man sich häufig unsicher oder ausgeliefert. Man hat Angst, was auf einen zukommt. Mit Veränderungen jeglicher Art konstruktiv und leicht umgehen zu können, ist aber in der heutigen Berufswelt eine Schlüsselqualifikation.

Frau M. arbeitet in einer Großbank und da finden zum dritten Mal in diesem Jahr Umstrukturierungen statt. Es ist noch unklar, wie sich ihre Arbeitssituation verändern und wer ihr Chef sein wird. Sie könnte sich dagegen sträuben, murren schimpfen und so weiter. Damit würde Sie jedoch gewiss nichts an ihrer Situation ändern, eher noch das Gegenteil bewirken. Falls nämlich jemand entlassen werden muss, wäre sie dann vermutlich die Erste, weil der Personalchef ihr Verhalten als unloyal betrachten würde.

Frau M. kann in dieser wirklich aufrüttelnden Situation aber auch die Verantwortung für ihr Wohlbefinden übernehmen und genau hinschauen, warum sie sich gegen die anstehende Veränderung sträubt. Auch Sie können das mit Ihren Situationen tun.

▨ »Vor was habe ich Angst?«

▨ »Wo fühle ich mich überfordert?«

▨ »Was glaube ich nicht zu können?«

▨ »Was befürchte ich?«

▨ »Was könnte schlimmstenfalls passieren?«

Auf diese Weise findet Frau M. folgende Ängste und einengende Glaubensmuster heraus:

▨ eine große Angst, fast schon Panik, vor der Ungewissheit und die Überzeugung, damit nicht fertig zu werden

▨ Angst, entlassen zu werden, fast schon die Überzeugung, dass es so kommen wird

param

- Angst, vom neuen Chef nicht gesehen zu werden, weil Frau M. lieber nicht im Mittelpunkt ist
- Angst, in einem Großraumbüro zu landen, wo es ihr zu laut ist und sie sich nicht konzentrieren kann, so dass Ihre Leistung schlechter wird
- Angst, von den neuen Kollegen gemobbt zu werden, weil ihr das schon mal passiert ist
- große Angst, sich zu blamieren, wenn Sie vielleicht neue Aufgaben nicht so schnell versteht
- Stress, in einem Gebäude arbeiten zu müssen, das viel weiter vom Bahnhof weg ist
- Trauer, sich vielleicht von ihren bisherigen Kollegen trennen zu müssen

Außerdem kann Frau M., seit die Veränderung angekündigt wurde, nicht mehr richtig schlafen und hat häufig Spannungskopfschmerzen.

Als Frau M. diese Aspekte geklopft hatte, fühlte sie sich gewappnet und innerlich stark. Fast freute Sie sich sogar ein wenig auf die neue Herausforderung, und ihr wurde bewusst, dass die ja auch eine Chance für sie bedeuten könnte und sie wieder viele neue Menschen kennen lernen würde.

Die Veränderung hat dann tatsächlich sehr gut geklappt, sie wurde sogar befördert und konnte mit der neu gewonnenen inneren Stärke alle Herausforderungen gut meistern.

Sie werden begeistert sein zu merken, wie sich das Gefühl, ausgeliefert zu sein, in innere Stärke verwandelt, auch wenn die Situation unverändert bleibt. Es tut einfach gut zu wissen, dass man alle Schwierigkeiten meistern kann, ganz gleich, was auf einen zukommt.

Schritt 11: Körperliche Symptome klopfen   6.12

Beim Burnout-Syndrom spielen körperliche Beschwerden eine erhebliche Rolle. Wie schnell sich diese mit EFT beheben lassen, ist immer wieder erstaunlich. Das allgemeine Vorgehen ist im Kapitel »Vorgehen bei körperlichen Problemen« genau beschrieben. An dieser Stelle gehe ich auf Burnout spezifische Gegebenheiten ein.

Häufig wird ein Burnout-Syndrom erst durch die immer stärker werdenden körperlichen Beschwerden erkannt, die irgendwann nicht mehr ignoriert werden können. Körperliche Signale sind Warnzeichen, die Sie nicht missachten sollten. Im allgemeinen Sprachgebrauch wird die Verbindung von emotionalen Belastungen und körperlichen Reaktionen schon deutlich, wenn einem etwas an die Nieren geht, auf den Magen schlägt oder unter die Haut geht.

Deshalb können Sie sich bei körperlichen Beschwerden Fragen nach den Ursachen stellen. Wenn ich erbrechen muss, was finde ich zum kotzen? Wenn ich Schnupfen habe, wovon habe ich die Nase voll? Wenn mir schwindlig ist, womit beschwindle ich mich? Wenn ich einen Kloß im Hals habe, was kann ich nicht schlucken? Wenn ich Durchfall habe, was kann ich nicht verdauen? Wenn ich Schulterverspannungen habe, was lastet schwer auf meinen Schultern? Wenn ich einen verhärteten Nacken habe, wo bin ich zu hartnäckig? Wenn meine Knie weich werden, was schwächt mein Weitergehen? Wenn ich nicht tief einatmen kann, was drückt mir die Luft ab? Bei Allergien, in welchen Situationen bin ich (über-) empfindlich, worauf reagiere ich ›allergisch‹? Akute Krankheiten deuten auf akute Konflikte hin, chronische Krankheiten auf chronische.

Die körperlichen Reaktionen folgen der

░ emotionalen Belastung (negative Emotionen)
░ kognitiven Belastung (einschränkende Glaubensmuster)
░ vegetativ-hormonellen Ebene (der beiden Stress-Achsen)

Bei körperlichen Beschwerden begeben Sie sich bitte auch in ärztliche Behandlung, damit abgeklärt werden kann, was Sie haben. Mit EFT können Sie begleitend arbeiten. EFT ersetzt nicht den Rat des Arztes.

Es folgt eine Liste möglicher körperlicher Beschwerden und Reaktionen. Die Klopfvorschläge geben aber nur Anhaltspunkte. An den entsprechenden Stellen fügen Sie bitte die *[Situation]* ein, in der das Symptom auftritt. Vielleicht haben Sie auch eine Idee, warum Sie die Beschwerden haben. Formulieren Sie es so genau wie möglich.

Bei körperlichen Problemen klopfen Sie immer als erstes den Stress, dass Sie es haben, bis Sie auf der Skala bei Null sind. Dann erst klopfen Sie das Symptom.

Trockener Mund
»Auch wenn ich *[Situation]* einen trockenen Mund habe, (ggf.: weil *[Grund]*,)...

Komisches Gefühl im Magen
»Auch wenn ich *[Situation]* ein komisches/flaues Gefühl im Magen habe, (ggf.: weil *[Grund]*,)...

Übelkeit und Erbrechen
»Auch wenn mir *[Situation]* immer übel wird, (ggf.: weil *[Grund]*,)...
»Auch wenn ich *[Situation]* erbrechen muss, (ggf.: weil *[Grund]*,)...

> Bei Magenschleimhautentzündung mit Entwicklung von Magen- und Dünndarmgeschwüren begeben Sie sich in ärztliche Behandlung.

Durchfall
»Auch wenn ich *[Situation]* Durchfall habe, (ggf.: weil *[Grund]*,)...

Kloß im Hals
»Auch wenn ich *[Situation]* einen Kloß im Hals habe, (ggf.: weil *[Grund]*,)...

Gefühl, dass der Hals wie zugeschnürt ist
»Auch wenn mein Hals *[Situation]* wie zugeschürt ist, (ggf.: weil *[Grund]*,)...

Herzklopfen
»Auch wenn ich Herzrasen habe, wenn *[Situation]*, (ggf.: weil *[Grund]*,)...

> **Bei Herzrhythmusstörungen oder Bluthochdruck begeben Sie sich in ärztliche Behandlung.**

Oberflächliches Atmen / Kurzatmigkeit
»Auch wenn ich nur noch oberflächlich atme und nicht mehr tief einatmen kann, (ggf.: weil *[Grund]*,)...

Schwitzen (Hände oder Köper)
»Auch wenn ich immer schwitze, (ggf.: weil *[Grund]*,)...

Schwindelanfälle
»Auch wenn mir immer schwindlig ist, (ggf.: weil *[Grund]*,)...

Rückenschmerzen
Hier ist das Schmerzbild sehr individuell. Wo genau tut es weh? Wann? Wie ist der Schmerz? Ein möglicher Satz könne lauten: »Auch wenn ich einen stechenden Schmerz im unteren Rücken habe, wenn ich aufstehe,...

Kopfschmerzen / Migräne
Auch hier ist das Schmerzbild sehr individuell. Wo genau tut es weh? Wann? Wie ist der Schmerz? Ein möglicher Satz könne lauten: »Auch wenn ich einen dumpfen Schmerz im rechten Stirnbereich habe, wenn ich lange am Bildschirm sitze,...

Kieferverspannungen
»Auch wenn mein Kiefer sehr verspannt ist und beim Öffnen des Mundes schmerzt, (ggf.: weil *[Grund]*,)...

Erschöpfung / Schwäche
»Auch wenn ich extrem erschöpft bin, (ggf.: weil *[Grund]*,)...
»Auch wenn ich mich sehr schwach fühle, (ggf.: weil *[Grund]*,)...

Müdigkeit

»Auch wenn ich sehr müde bin,

»Auch wenn ich um *[Uhrzeit]* sehr müde bin,...

»Auch wenn ich sehr schlapp bin,...

»Auch wenn ich am Morgen nicht aufstehen mag,...

»Auch wenn ich keine Energie habe,...

»Auch wenn ich während des Tages fast einschlafe,...

»Auch wenn ich am Morgen nicht ausgeschlafen bin, (ggf.: weil *[Grund]*,)...

Schlafstörungen

»Auch wenn ich nicht einschlafen kann,...

»Auch wenn ich mehrmals in der Nacht aufwache,...

»Auch wenn ich immer schon um *[Uhrzeit]* wach werde,...

»Auch wenn ich am Morgen todmüde bin, weil ich schlecht schlafe,...

»Auch wenn ich den morgigen Tag nicht überlebe, wenn ich nicht schlafen kann, (ggf.: weil *[Grund]*,)...

Konzentrationsprobleme / Vergesslichkeit

»Auch wenn ich mich nicht mehr konzentrieren kann,...

»Auch wenn ich mich auf *[Sachverhalt]* nicht mehr konzentrieren kann,...

»Auch wenn ich *[Sachverhalt]* vergesse,...

»Auch wenn ich vieles vergesse, (ggf.: weil *[Grund]*,)...

Beim Klopfen körperlicher Symptome ist es genauso möglich, dass Sie von einem Aspekt zum anderen kommen. Wenn Sie ein Symptom erfolgreich auf Null gebracht haben, macht sich vielleicht ein anderes bemerkbar, bzw. Sie erinnern sich an weitere Situationen, in denen Sie von anderen Beschwerden bedrängt werden.

Auch nach dem Klopfen körperlicher Beschwerden können Sie eine neue Entscheidung treffen. Zum Beispiel:

»Ich entscheide mich jetzt dafür, mich gesund und fit zu fühlen und mit Leichtigkeit durchs Leben zu gehen.«

Oder formulieren Sie eine andere Entscheidung, die für Sie stimmig ist und Ihre Beschwerden direkt anspricht.

6.12.1 Bewegung und Ernährung

Auf Stress-Situationen reagiert der Körper mit der Bereitstellung von Energiereserven. Das hat den archaischen Menschen auf Kampf oder Flucht vorbereitet, die beide vermehrte körperliche Energien benötigen. Ich kämpfe mit dem Bären oder flüchte vor ihm. Diese vitale Reaktion hat sich in den Jahrtausenden nicht verändert, nur dass wir die bereitgestellte Energie in den heutigen Stress-Situationen gar nicht benötigen. Damit sich der mobilisierte Zucker und das Fett nicht in den Gefäßen ablagern, brauchen Sie genügend Bewegung an frischer Luft, um den Abbau zu unterstützen, je mehr Stress Sie haben, um so mehr. Dabei bauen sich auch die Stress-Hormone schneller ab.

Wenn Sie erschöpft von der Arbeit nach Hause kommen, sind die Kraft und die Bereitschaft natürlich gering, sich auch noch dazu aufzuraffen, Sport zu treiben. Fangen Sie einfach mit ein paar Minuten Spazieren gehen an. Wenn Sie merken, wie gut Ihnen das tut, werden Sie ganz von selbst die Zeit ausdehnen oder auch Lust auf andere Bewegungsaktivitäten bekommen. Natürlich können Sie eine Abneigung gegen Sport oder Bewegung auch mit Klopfen bearbeiten.

Über Ernährung gibt es genügend Literatur, deshalb will ich hier nur auf die Wichtigkeit einer ausgewogenen Ernährung mit genügend Obst und Gemüse hinweisen. Seien Sie präsent, wenn Sie essen, und genießen Sie das Essen bewusst. Es soll auch nicht unerwähnt bleiben, wie wichtig es für den Energiehaushalt des Körpers ist, dass Sie reichlich stilles Wasser trinken. Das hilft dem Körper auch, belastende Stoffe auszuschwemmen.

Weil die Erfahrung zeigt, dass man bei Burnout dazu neigt, die Erschöpfung mit Stimulanzien wie Kaffee, Zigaretten und Alkohol oder Medikamenten zu überdecken, möchte ich auch darauf hinweisen. Achten Sie vor allem darauf, dass der Alkoholkonsum maßvoll bleibt oder dass Sie ihn auf ein normales Maß reduzieren können. Mit EFT haben Sie eine sehr gute Möglichkeit, akuten Stress zu beseitigen. Das verschafft Ihnen auch den Spielraum, sich aus solchen Abhängigkeiten zu befreien, die Sie im Endeffekt nur zusätzlich schwächen.

Eine mögliche neue Entscheidung wäre:

»Ich entscheide mich jetzt dafür, jederzeit Freude an Bewegung und gesundem Essen zu haben.«

Oder Sie formulieren irgendeine andere Entscheidung, die für Sie stimmig ist.

Schritt 12: Nahrung für die Seele   6.13

Es ist wichtig, dass Sie im Alltag immer wieder auftanken, um Ihr Herz spüren zu können. Sie kaufen sich auch keine Topfpflanze und gießen sie dann nicht regelmäßig, weil Sie wissen, dass die Pflanze sonst eingeht. Es funktioniert nicht, sie nur einmal im Jahr zu gießen und dann dafür umso mehr.

Sie sind eine wunderschöne Blume, die regelmäßig Wasser braucht. Es reicht nicht, wenn Sie einmal im Jahr auftanken, wenn Sie im Urlaub sind. Sie sind ein lebender Organismus und brauchen regelmäßige Pflege.

Rufen Sie sich ins Bewusstsein, was Ihnen Kraft gibt. Was macht Ihnen Freude? Wobei entspannen Sie sich, wenn Sie nur schon daran denken? Bei was kommen Sie in Kontakt mit Ihrer Seele? Denken Sie einen Moment nach oder spüren Sie in sich hinein, was Sie in Kontakt mit Ihrer Lebensenergie bringt.

- Musik hören
- Musik machen
- Tanzen
- ein Spaziergang alleine im Wald oder sonst in der Natur
- beobachten, wie die Sonne aufgeht
- dem Regen zuschauen
- ein gutes Gespräch mit einem lieben Freund

- die Katze streicheln
- eine Sportart, die Sie begeistert
- ein Buch lesen
- meditieren
- einen feinen Tee trinken
- im Garten arbeiten
- am Morgen in Ruhe die Zeitung lesen
- malen
- basteln
- Handarbeit
- Rad fahren
- Rätsel oder Puzzle
- Spiele
- Kino, Theater, Oper, Konzerte
- etwas Gutes kochen
- ein duftendes Bad
- ein Wochenende in den Bergen
- ein Frauen- oder Männerabend

Das sind nur Beispiele. Jeder hat andere Beschäftigungen, die ihm Kraft geben. Was für den einen puren Genuss bedeutet, ist für den anderen bittere Anstrengung. Deshalb ist es wichtig, dass Sie genau hinschauen, was für Sie Energiespender sind, und sich nicht an den Vorstellungen oder Wünschen anderer orientieren.

Stellen Sie eine Liste von Beschäftigungen auf, die Ihrer Seele gut tun, und bringen diese an einer Stelle an, wo sie Ihnen immer wieder ins Auge fällt. Achten Sie darauf, jeden Tag mindestens eine oder zwei Punkte dieser Liste umzusetzen und ganz bewusst zu genießen. Weil das womöglich ungewohnt für Sie ist, kann es sinnvoll sein, dies anfangs fest in den Tagesablauf einzuplanen. Dies ist ein wichtiger Aspekt, denn es bringt Sie (wieder) in Kontakt mir Ihrer Seele, diesem Kristall in Ihrem Inneren, der bedingungslose Liebe und Kraft beherbergt.

Genießen Sie das Leben wieder in vollen Zügen. Wecken Sie Ihren Blick für die freudigen Details wie eine besonders schö-

param

ne Blume am Wegesrand, eine schnurrende Katze, einen lieben Blick, den Duft von frisch gebrühtem Kaffee. Es gibt so viele Details, an denen Sie sich erfreuen könnten. Achten Sie darauf, Ihre Umgebung immer öfter bewusst mit allen Sinnen wahrzunehmen und ganz präsent zu sein.

Nehmen Sie sich bewusst Zeit und sei es auch nur einen Augenblick. Nutzen Sie auch alltägliche Situationen für ein bewusstes Erleben mit allen Sinnen, wie zum Beispiel das Schälen und Essen einer Orange. Machen Sie jeden Tag einen kurzen Rückblick und erinnern sich, welche Momente Sie genießen konnten. Erleben Sie so den Genuss ein zweites Mal.

Das alles ist Nahrung für Ihre Seele und Sie spüren vielleicht nur schon durch das Lesen die Vorfreude.

Hindert Sie noch etwas daran, das Leben zu genießen? Kommen Ihnen Ausreden in den Sinn?

- Wenn ich nur Zeit hätte.
- Dazu fehlt mir die innere Ruhe.
- Das kann ich nicht in den Alltag integrieren.
- Das kriege ich doch nicht hin.
- Meine Familie erlaubt mir das nicht.
- Das mache ich, wenn ich Urlaub habe.

Denken Sie an die Topfpflanze! Es kann auch sein, dass Sie die Bearbeitung der Schuldgefühle nicht gründlich genug gemacht haben oder bearbeite Schuldgefühle wieder hochgekommen sind. Oder es gibt noch ein paar bis jetzt unerkannte Aspekte zu klopfen.

Viele Menschen schämen sich, müßig zu sein, oder haben ein schlechtes Gewissen, wenn sie sich selbst etwas Gutes tun möchten. Dahinter steckt der Glaubenssatz, man hätte das nicht verdient.

Sie haben eine Liste erstellt, was Ihnen Kraft gibt. Klopfen Sie jetzt alle Aspekte, die der konkreten Verwirklichung im Weg stehen. Setzen Sie die Beschäftigungen ein, die Ihrer Seele gut tun. Die beiden ersten Aspekte sind besonders wichtig.

»Auch wenn ich mich schäme, *[…]* für mich zu tun,…

»Auch wenn ich ein schlechtes Gewissen habe, *[…]* für mich zu tun,…

»Auch wenn die Nachbarn denken, ich wäre faul, wenn ich nichts tue,…

»Auch wenn ich keine Zeit für *[…]* habe,…

»Auch wenn ich meine Seelenenergie nicht in den Alltag integrieren kann, weil ich dann nicht mehr leistungsfähig bin,…

»Auch wenn die anderen denken, ich sei egoistisch, wenn ich mir etwas Gutes tue,…

»Auch wenn ich die anderen im Stich lasse, wenn ich mir etwas Gutes tue,…

»Auch wenn ich es nicht wert bin, dass es mir gut geht,…

»Auch wenn ich das Leben nicht genießen darf, wo kämen wir denn da hin,…

»Auch wenn ich mich zuerst um alle anderen kümmern muss,…

»Auch wenn ich mich nicht traue, mir etwas Gutes zu tun,…

»Auch wenn ich es nicht gewohnt bin, etwas für mich zu tun,…

»Auch wenn es mir zu mühsam ist,…

»Auch wenn sich das nicht mit dem Geschäftsleben vereinbaren lässt,…

… liebe und akzeptiere ich mich voll und ganz.«

Wenn Sie alle Aspekte geklopft haben, die Sie daran hindern, auch mal etwas Gutes für Sie selbst zu tun, können Sie eine neue Entscheidung treffen, beispielsweise:

»Ich entscheide mich jetzt dafür, das Leben in allen Facetten zu genießen und mich dabei sicher und akzeptiert zu fühlen.«

Oder formulieren Sie eine andere neue Entscheidung, die für Sie stimmig ist.

Schritt 13: Das Selbstbild anpassen

Jeder hat ein Bild von sich. Damit ist keine Fotografie gemeint, sondern eine Vorstellung davon, wie man ist, was man kann, was andere von einem denken und so weiter.

Dieses Selbstbild muss auch verändert werden, wenn Veränderungsprozesse nachhaltig sein sollen. Wenn beispielsweise jemand mit dem Rauchen aufhören will, wird alles mögliche geklopft. Der abschließende Schritt sollte aber sein, das Selbstbild zu verändern. Denn so lange man in seinem Selbstbild kein Nichtraucher ist, wird es meist nur eine Frage der Zeit sein, bis man wieder mit dem Rauchen anfängt.

Die Grundlage dieses Selbstbildes sind Glaubensmuster, die man vollständig verinnerlicht hat und mit denen man sich uneingeschränkt identifiziert. Diese Glaubensmuster sind Kern des Bildes, das man von sich hat: »Ich bin Raucher.«

Um dieses Bild zu verändern, muss die Identifikation mit diesem Glaubenssatz aufgelöst werden. Dazu konzentrieren Sie sich auf dieses innere Bild, Wissen oder Gefühl von sich und benennen dann den Aspekt, den Sie verändern wollen.

Ein Beispiel: Herr Z. kommt in meine Praxis. Er sagte, er stehe auf der Kippe zum Burnout. Er mache eine ständige Gratwanderung. Auch einige körperliche Beschwerden machten ihm zu schaffen. Er hatte immer wieder Symptome eines Herzinfarkts, obwohl die jeweiligen Notfalluntersuchungen im Spital keinen physischen Befund ergaben.

Wir haben so einiges bereinigt. Ihm leuchtete ein, dass es wichtig ist, die erlebte Differenz der äußeren Gegebenheiten zu seinen inneren Ansprüchen und die damit verbundenen Schuldgefühle zu bearbeiten. Er hat das auch wie aufgetragen zu Hause durchgeführt. So hat sich schnell sehr viel verändert. Er wurde innerlich sehr viel sicherer und stand in vielen Situationen für sich ein, wo das vorher undenkbar gewesen wäre. Auch seine inneren Antreiber haben wir vom Muss zum Kann verändert. Doch es blieb ein kleiner Rest des Aspekts: »Ich muss für andere schauen, dass es ihnen gut geht.« Weil das dazu gehörende Glaubensmuster nicht mehr stimmte, haben wir sein inneres Bild geklopft:

»Auch wenn ich das innere Bild (oder Selbstbild) von mir habe, dass ich für alle schauen muss, liebe und akzeptiere ich mich voll und ganz.«

Wir haben das etwa drei Runden geklopft, bis sich dieser Aspekt im inneren Bild ganz verändert hatte. So war auch der letzte Rest des Aspekts verschwunden.

Es ist also wichtig zu beachten, dass ein Glaubensmuster nicht mehr stimmig sein kann, zum selben Thema aber noch das innere Bild aktiv ist. Es ist irgendwo ›noch etwas‹. Die Ebene des Selbstbildes ist hierarchisch höher als die Glaubensmuster desselben Themas.

Nehmen Sie das innere Bild von sich wahr und beobachten Sie, wie es zu den nachfolgend aufgezählten Punkten aussieht. Wenn Sie einen Aspekt in Ihrem inneren Bild erkennen, der noch ein Muss ist, klopfen Sie diesen, während Sie dieses Selbstbild im Fokus behalten. Sie können die Formulierung inneres Bild oder Selbstbild verwenden, was Ihnen zutreffender erscheint. Grundsätzlich kann jeder Glaubenssatz auch im Selbstbild vorhanden sein.

»Auch wenn ich das Selbstbild von mir habe, dass...

»Auch wenn ich das innere Bild von mir habe, dass...

Schuld und Scham
... ich schuldig bin,...
... ich mich schäme,...

Perfekt sein
... ich perfekt sein muss,...
... ich alles perfekt machen muss,...
... ich erfolgreich sein muss,...
... ich extrem viel leisten muss,...

Oder vielleicht ein Selbstbild der Ursache dafür, dass man perfekt sein muss
... ich alles falsch mache,...
... ich ein Versager bin,...
... meine Leistung nie genügt,...
... ich dumm bin,...

Beliebt sein
... mich alle lieben,...«
... ich immer lieb bin,...«
... ich allen alles recht mache,...«
... ich dazugehören muss,...«
... mich alle mögen müssen,...«

Oder vielleicht ein Selbstbild der Ursache dafür, dass man beliebt sein muss
... mich niemand liebt, so wie ich bin,...
... ich nicht dazugehöre,...
... mich niemand akzeptiert, so wie ich bin,...
... ich nicht liebenswert bin,...
... ich hässlich bin,...
... ich wertlos bin,...
... ich überflüssig bin,...
... ich unsichtbar bin,...

Kontrolle haben
... ich absolute Kontrolle haben muss,...
... ich für alles verantwortlich bin,...
... ich für alle verantwortlich bin,...
... ich Ursache von allem bin,...
... ich die Welt retten muss,...

Oder vielleicht ein Selbstbild der Ursache dafür, dass man Kontrolle haben muss
... ich Schuld bin, wenn etwas falsch läuft,...
... ich keinen Einfluss auf das Geschehen habe,...
... ich der Zukunft ausgeliefert bin,...

... ich keinen Einfluss habe,...
... ich keine Kontrolle über mich habe,...
... ich mit dem Leben nicht fertig werde,...
... ich kein Vertrauen in mich/ins Leben habe,...
... ich kein Vertrauen in andere Menschen habe,...

Stark sein
... ich immer stark sein muss,...
... ich alles alleine mache,...
... ich absolute Freiheit brauche,...
... ich unabhängig sein muss,...

Oder vielleicht ein Selbstbild der Ursache dafür, dass man stark sein muss
... ich abhängig bin,...
... ich schwach bin,...
... ich hilflos bin,...
... ich ausgeliefert bin,...
... ich überfordert bin,...

Mögliche andere Aspekte des Selbstbildes
... ich leide,...
... ich überfordert bin,...
... ich böse bin,...
... ich hilfsbereit sein muss,...
... ich kämpfe,...
... ich nicht zu mir stehe,...
... ich keine eigene Meinung habe,...
... ich unersetzlich bin,...
... ich in dieser Welt untergehe,...
... ich klein und unscheinbar bin,...
... ich genug habe,...
... ich nicht mehr will,...
... ich kraftlos bin,...
... ich krank bin,...

... liebe und akzeptiere ich mich voll und ganz.«

Sie werden sicher bemerken, dass sich das Selbstbild relativ leicht verändern lässt. Die oben aufgelisteten Aspekte sind natürlich nur Beispiele und Anregungen. Berücksichtigen Sie Ihre eigenen Aspekte. Es kann auch sein, dass es zu einem Aspekt ein Warum oder Weil gibt. Fügen Sie das dann wie bereits gesehen dem Satz an.

Wenn es nicht recht voran geht

7

*E*s kann vorkommen, dass ein Aspekt hartnäckig bei einem Wert auf der Skala bleibt und sich der gefühlte Stress nicht weiter senken lässt. Es kann auch vorkommen, dass es bei der Abarbeitung der Schritte des Leitfadens nicht recht vorwärts geht. Für diese Fälle stelle ich Ihnen hier einige Maßnahmen vor, die Sie zusätzlich ergreifen können, um den Prozess in Schwung zu bringen.

Zusätzliche Klopfpunkte 7.1

Eine erste sinnvolle Maßnahme ist, im normalen Ablauf zusätzlich die Fingerpunkte zu klopfen.

1 Daumenpunkt (DP)
   An der äußeren Seite des Daumennagels im Nagelfalz

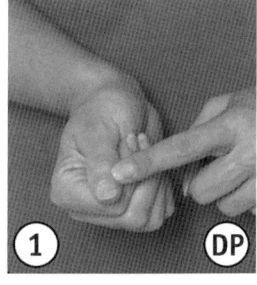

2 Zeigefingerpunkt (ZF)
   An der dem Daumen zugewandten Seite des Zeigefingernagels im Nagelfalz

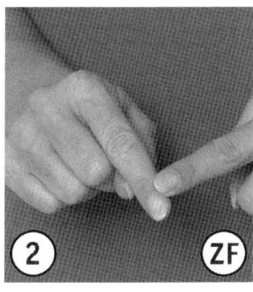

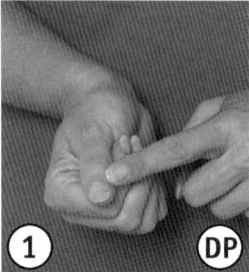

3 Mittelfingerpunkt (MF)
An der dem Daumen zugewandten Seite
des Mittelfingernagels im Nagelfalz

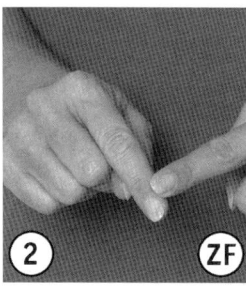

4 Kleinfingerpunkt (KF)
Im Nagelfalz des kleinen Fingers an der
Innenseite

Der Ringfingerpunkt wird nicht geklopft.

7.2   Scham und Schuld hinterfragen

Als nächstes sollten Sie sich noch einmal sehr ehrlich be-
fragen, ob in Ihnen noch Schamgefühle grummeln. Wie ich
oben dargelegt habe, ist dies ein ganz wesentlicher Aspekt
und es kommt vor, dass sich bestimmte Schamgefühle hartnäckig verstecken.

    Könnte es sein, dass ich mich schäme, weil ich das Problem
       oder diesen Aspekt des Problems habe?

    Habe ich ein schlechtes Gewissen übersehen, das noch zu
       klopfen gewesen wäre?

Noch vorhandene Scham und Schuld verhindern mit großer
Wahrscheinlichkeit die Auflösung eines jeden Problems. Wurde
der Aspekt in aller Tiefe ehrlich benannt? Wie ist es wirklich?
Sprechen Sie den Setup-Satz noch einmal besonders enthusi-

astisch laut aus und achten auf Empfindungen oder weitere Gedanken, die dazu hochkommen.

Mini-PU 7.3

Wenn der Prozess auf der Skala bei etwas 4 oder 5 stehen bleibt, führen Sie die Korrektur für die Mini-PU durch:

»Auch wenn ich *[Aspekt]* nicht vollständig lösen kann, liebe und akzeptiere ich mich voll und ganz.« *Handkantenpunkt (HK)*

Möglicher Gewinn 7.4

Gibt es irgend einen ›Gewinn‹, den ich durch das Problem habe und den ich nicht verlieren möchte? Vielleicht bekomme ich Zuwendung, habe Zeit für mich oder muss keine Verantwortung übernehmen, weil ich das Problem habe.

Schlüsselbeinatmung 7.5

Falls EFT einmal gar keine Wirkung zu zeigen scheint, kann es sein, dass Ihr Energiesystem völlig durcheinander ist. Wenn Sie merken, dass

- Sie sich verwirrt fühlen,

- Sie irgendwie gar nicht richtig bei sich sind,

- gar nichts geschieht, wenn Sie klopfen, oder sich der Wert auf der Intensitätsskala kaum verändert,

können Sie die folgende Übung einsetzen, um die Energien im Körper wieder in eine Fliessrichtung zu bringen.

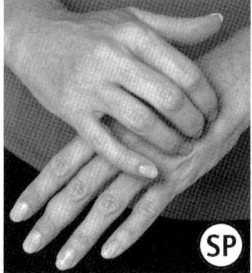

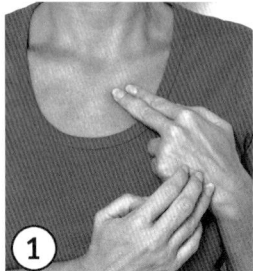

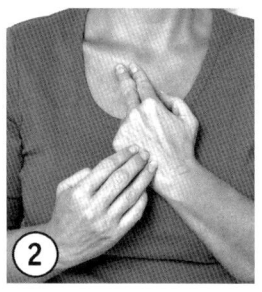

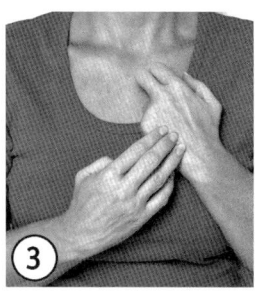

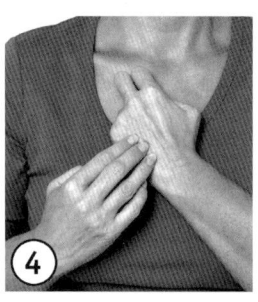

▨ Legen Sie die Fingerspitzen von Zeige- und Mittelfinger der linken Hand auf den linken Schlüsselbeinpunkt.

▨ Klopfen Sie gleichzeitig mit der rechten Hand den Serienpunkt (SP).

▨ Führen Sie dabei diese Atemsequenz durch:

◆ einen Moment normal atmen

◆ zur Hälfte einatmen

◆ Atem einen Moment anhalten

◆ voll einatmen

◆ Atem einen Moment anhalten

◆ zur Hälfte ausatmen

◆ Atem einen Moment anhalten

◆ voll ausatmen

◆ einen Moment normal atmen

Danach wechseln Sie die Position, klopfen weiter den Serienpunkt und führen erneut die Atemsequenz durch. Das machen Sie mit allen acht Positionen. Die erste wird hier zur Vollständigkeit noch einmal wiederholt:

1 Fingerspitzen von Zeige- und Mittelfinger der linken Hand auf den linken Schlüsselbeinpunkt

2 Fingerspitzen der linken Hand auf den rechten Schlüsselbeinpunkt

baram

3 Fläche der Fingernägel von Zeige- und Mittelfinger der linken Hand auf den linken Schlüsselbeinpunkt

4 Fläche der Fingernägel der linken Hand auf den rechten Schlüsselbeinpunkt

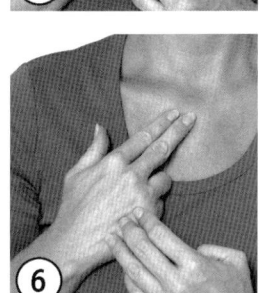

5 Fingerspitzen der rechten Hand auf den linken Schlüsselbeinpunkt

6 Fingerspitzen der rechten Hand auf den rechten Schlüsselbeinpunkt

7 Fläche der Fingernägel der rechten Hand auf linken Schlüsselbeinpunkt

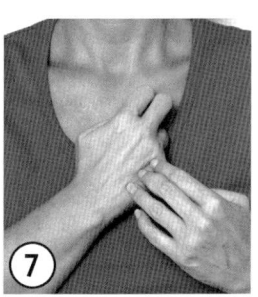

8 Fläche der Fingernägel der rechten Hand auf rechten Schlüsselbeinpunkt

Die Reihenfolge dieser acht Positionen spielt keine Rolle. Die Abfolge kann man sich leichter merken, wenn man alles zuerst mit einer Hand macht und dann mit der anderen.

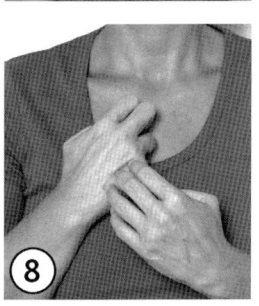

Es gibt noch eine ganze Reihe möglicher PU, die Ihrem Fortschritt im Wege sein könnten. Lesen Sie die folgenden Sätze durch und klopfen, was Sie anspringt, aber auch das, bei dem Sie das Gefühl haben, dass es ganz sicher überhaupt nicht auf Sie zutrifft.

Klopfen Sie den jeweiligen Punkt beziehungsweise massieren den Wunden Punkt, während Sie den Korrektursatz dreimal laut und enthusiastisch sprechen. Danach klopfen Sie mit Ihrem aktuellen Thema weiter.

Wille

Handkantenpunkt (HK): »Auch wenn ich *[Problem]* behalten will, liebe und akzeptiere ich mich voll und ganz.«

Zukunft

Punkt unter Nase (UN): »Auch wenn ich *[Problem]* für immer haben werde, liebe und akzeptiere ich mich voll und ganz.«

Scham/Schuld

Punkt unter Lippe (UL): »Auch wenn ich es nicht verdiene, *[Problem]* zu überwinden, liebe und akzeptiere ich mich voll und ganz.«

Eigene Sicherheit

Punkt unter Lippe (UL): »Auch wenn es gefährlich/lebensgefährlich für mich ist, wenn ich *[Problem]* überwinde, liebe und akzeptiere ich mich voll und ganz.«

Fremde Sicherheit

Punkt unter Lippe (UL): »Auch wenn es für andere gefährlich/lebensgefährlich ist, wenn ich *[Problem]* überwinde, liebe und akzeptiere ich mich voll und ganz.«

Genehmigung
Handkantenpunkt (HK): »Auch wenn ich es mir nicht er-
laube, *[Problem]* zu lösen, liebe und akzeptiere ich mich voll
und ganz.«

Motivation
Handkantenpunkt (HK): »Auch wenn ich nicht das Notwendige tue, um *[Problem]* zu überwinden, liebe und akzeptiere
ich mich voll und ganz.«

Fremder Nutzen
Handkantenpunkt (HK): »Auch wenn es nicht gut für andere ist, wenn ich *[Problem]* überwinde, liebe und akzeptiere ich
mich voll und ganz.«

Verlust
Handkantenpunkt (HK): »Auch wenn mir etwas fehlen wird,
wenn ich *[Problem]* überwinde, liebe und akzeptiere ich mich
voll und ganz.«

Verrat
Punkt unter Lippe (UL): »Auch wenn ich ein Verräter bin,
wenn ich *[Problem]* löse, liebe und akzeptiere ich mich voll
und ganz.«

Identität
Wunder Punkt (WP): »Auch wenn ich meine Identität (oder
einen Teil davon) verliere, wenn ich *[Problem]* löse, liebe und
akzeptiere ich mich voll und ganz.«

Spezielles
Handkantenpunkt (HK): »Auch wenn mich irgendeine un-
bekannte Blockade daran hindert, *[Problem]* zu überwinden,
liebe und akzeptiere ich mich voll und ganz.«

7.7   Hilfreiche Fragen

- Was könnte ich in Bezug auf das Problem denken oder glauben, was verhindert, dass es sich lösen lässt?
- Was verliere ich (oder meine ich zu verlieren), wenn das Problem nicht mehr wäre?
- Was spricht dagegen, dass ich das Problem lösen kann?
- Vor was habe ich Angst, wenn ich das Problem löse?
- Wenn ich mein Leben nochmals leben könnte, welche Ereignisse und/oder welche Menschen kämen nicht mehr darin vor?

7.8   Äußere Faktoren verändern

Schließlich können Sie noch äußere Faktoren beachten und gegebenenfalls verändern, wenn Sie mit EFT ins Stocken geraten sind.

- Wasser trinken
- Ort wechseln: Wenn Sie drinnen sind, gehen Sie nach draußen und umgekehrt
- eventuell duschen und Kleider wechseln
- Die Augenbewegungen der Neun-Gamut-Folge sehr aufmerksam und genau durchführen

Schlusswort

Nun hoffe ich, dass Ihnen dieser Leitfaden eine wertvolle Unterstützung ist, um Ihre Erschöpfungssymptomatik erfolgreich anzugehen, und dass Sie auch sonst mit EFT ein Werkzeug zur Verfügung haben, um mit den Anforderungen des Lebens freudvoll und neugierig umzugehen. Ich würde mich freuen, wenn ein Funke meiner Begeisterung für diese Selbsthilfemethode auf Sie übergesprungen ist.

Auf meiner Homepage www.energy-4-you.ch finden Sie Antworten auf häufig gestellte Fragen zum Umgang mit diesem Leitfaden, und natürlich können Sie auch gerne selber Fragen stellen oder Ihre Erfahrungen mitteilen.

Anhang

8.1 Psychische Umkehrungen, die Sie immer durchführen

Am besten kopieren Sie diese Liste und tragen Sie ständig bei sich, denn diese Korrekturen sollten für sechs bis acht Wochen täglich achtmal (alle ein bis zwei Stunden) durchgeführt werden. Während Sie den genannten Punkt klopfen bzw. beim Wunden Punkt (WP) reiben, sprechen Sie den jeweiligen Satz dreimal laut und enthusiastisch oder wenn nicht anders möglich, denken Sie ihn.

Ein Muss

Wunder Punkt (WP): »Ich liebe und akzeptiere mich voll und ganz, mit all meinen Problemen und Einschränkungen.«

Punkt unter Lippe (UL): »Auch wenn ich es nicht verdiene, glücklich zu sein, liebe und akzeptiere ich mich voll und ganz.«

Ein Kann

Falls Sie größere gesundheitliche Probleme haben, kommt noch folgende PU fest hinzu:

Punkt unter Lippe (UL): »Auch wenn ich es nicht verdiene, gesund zu sein, liebe und akzeptiere ich mich voll und ganz.«

Nehmen Sie die folgenden Sätze, die zutreffen oder auch nur zutreffen könnten, unbedingt in Ihr tägliches Programm auf:

Punkt unter Lippe (UL): »Auch wenn es gefährlich/lebensgefährlich ist, glücklich zu sein, liebe und akzeptiere ich mich voll und ganz.«

Wunder Punkt (WP): »Auch wenn ich meine Identität verliere, wenn ich glücklich bin, liebe und akzeptiere ich mich voll und ganz.«

Punkt unter Lippe (UL): »Auch wenn ich ein Verräter/in bin, wenn ich glücklich bin, liebe und akzeptiere ich mich voll und ganz.«

8

Psychische Umkehrungen nach Bed

Diese problembezogenen psychischen Umkehrungen ᴋₗₑ, alle, wenn Sie bei der Bearbeitung eines Aspekts nicht weiterkommen. Bei *[Problem]* setzen Sie Burnout, Erschöpfung etc. ein.

Punkt unter Lippe (UL): »Auch wenn ich es nicht verdiene, *[Problem]* zu überwinden, liebe und akzeptiere ich mich voll und ganz.«

Punkt unter Nase (UN): »Auch wenn ich *[Problem]* nie überwinden werde, liebe und akzeptiere ich mich voll und ganz.«

Punkt unter Lippe (UL): »Auch wenn es gefährlich/lebensgefährlich ist, *[Problem]* zu überwinden, liebe und akzeptiere ich mich voll und ganz.«

Handkantepunkt (HK): »Auch wenn ich *[Problem]* nicht überwinden will, liebe und akzeptiere ich mich voll und ganz.«

Handkantepunkt (HK): »Auch wenn ich nicht daran glaube, *[Problem]* zu überwinden, liebe und akzeptiere ich mich voll und ganz.«

Wunder Punkt (WP): »Auch wenn ich meine Identität verliere, wenn ich *[Problem]* überwinde, liebe und akzeptiere ich mich voll und ganz.«

Schritt 1: Aspekt benennen und in Kontakt treten
Legen Sie den Aspekt fest, den Sie klopfen wollen.

Schritt 2: Bewerten der Intensität Aspektes
Die emotionale oder gedankliche Intensität von 0 bis 10 bewerten.

Schritt 3: Korrektur einer eventuell vorhandenen PU
Den Wunden Punkt (WP) massieren, dann Handkante Zeigefinger-seite (HZ) und Handkantenpunkt (HK) klopfen; bei jedem Punkt: »Auch wenn *[Problem]*, liebe und akzeptiere ich mich voll und ganz.«

Schritt 4: Klopfen aller Punkte mit dem Erinnerungssatz
Alle Punkte vom Augenbrauenpunkt (AB) bis zum Kopfpunkt (KP) klopfen; bei jedem Punkt die Kurzform des Aspektes, den Erinnerungs-satz wiederholen.

Schritt 5: Neun-Gamut-Abfolge (Gehirnharmonisierung)
Serienpunkt (SP) wird fortlaufend geklopft während Sie folgende Augenbewegungen durchführen (Kopf bleibt gerade) und gleichzei-tig den Erinnerungssatz sprechen:

- Augen schließen und wieder öffnen
- nach links unten schauen
- nach rechts unten schauen
- mit den Augen einen möglichst großen Kreis beschreiben, zuerst im Uhrzeigersinn
- dann dagegen
- ein paar verschiedene Töne summen
- schnell auf Fünf zählen
- nochmals ein paar Töne summen
- tief ein- und ausatmen

Schritt 6: Erneutes Bewerten der Intensität
Ist die Intensität bei 2 oder tiefer, weiter mit Schritt 7, ist sie höher als 2, den ganzen Ablauf mit einem neuen Satz wiederholen.

Schritt 7: Stabilisierung
Liegt der Wert auf der Skala bei 2 oder geringer, den Serienpunkt (SP) klopfen und mit den Augen langsam (10 Sek.) vom Boden zur Decke schauen. Der Kopf bleibt dabei gerade und bewegungslos. Das stabilisiert das Ergebnis oder löst den letzten Rest auf.

Das Ganze von vorn mit dem nächsten Aspekt.

Setup-Punkte

Korrektur einer eventuell vorhandenen PU

1 Wunder Punkt   WP
2 Handkante innen   HZ
3 Handkante außen   HK

Den Wunden Punkt (WP) massieren, die Handkante Zeigefingerseite (HZ) und den Handkantenpunkt (HK) klopfen.

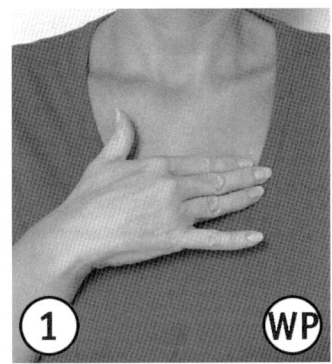

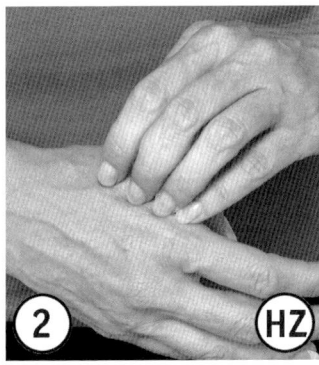

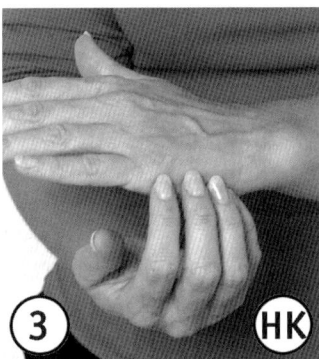

Serienpunkt

Der Serienpunkt (SP) wird während der Neun-Gamut-Folge fortlaufend geklopft.

Der Serienpunkt (SP) wird während der Schlüsselbeinatmung fortlaufend geklopft.

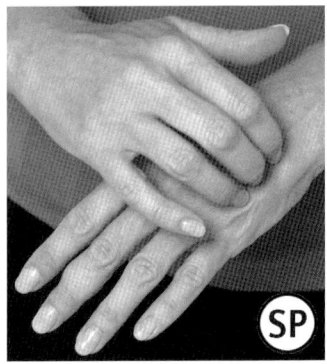

Übersicht über die Klopfpunkte

1	Augenbrauenpunkt	AB
2	seitlich Auge	SA
3	Jochbeinpunkt	JB
4	unter Nase	UN
5	unter Lippe	UL
6	Schlüsselbeinpunkt	SB
7	Rippenpunkt	RP
8	unter Arm	UA
9	Handgelenksfalte	HF
10	Handkantenpunkt	HK
11	Kopfpunkt	KP

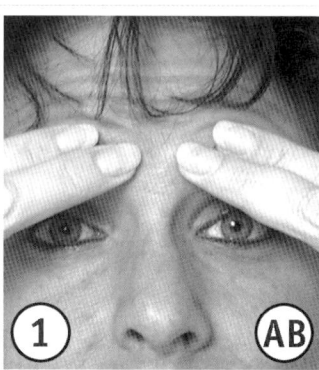

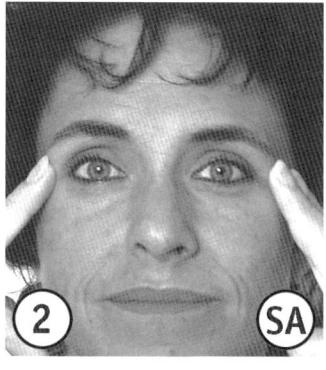

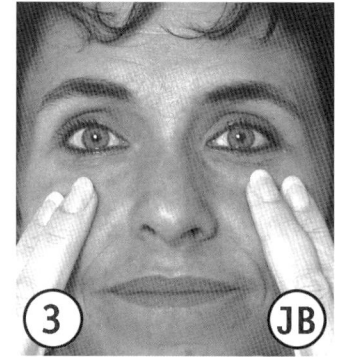

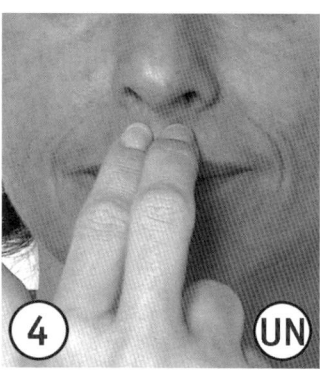

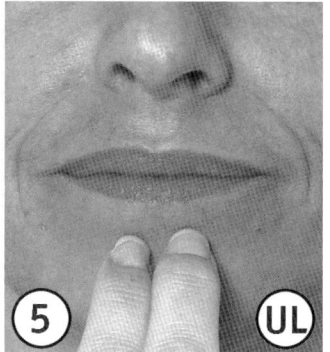

param.

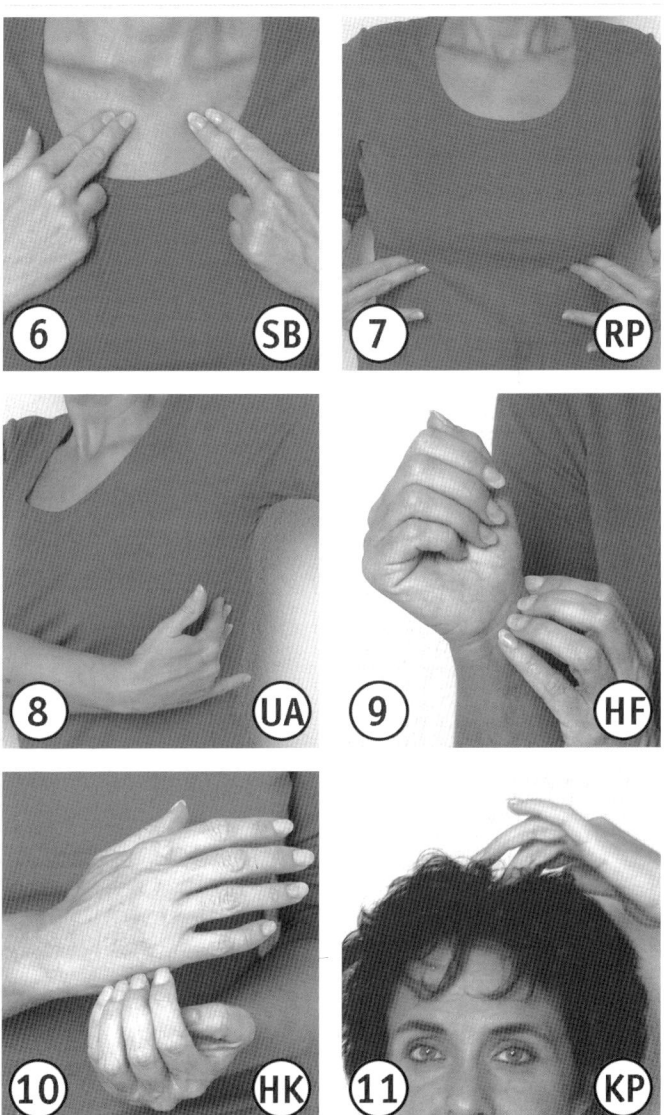

8.5 Allgemeines Vorgehen bei körperlichen Problemen

1 Stress mit dem körperlichen Problem

Stress, Ärger, Trauer etc. wegen dieses körperlichen Problems klopfen, bis es Ihnen gleichgültig ist.

2 Seien Sie sehr genau und präzise

Den Schmerz oder das körperliche Symptom ganz genau benennen. Wie? Wo? Wann? Eventuell die Hand auf die betroffene Körperstelle legen.

3 Verfolgen Sie den Schmerz

Wenn der Schmerz zu wandern beginnt, ihm hartnäckig folgen. Fokus immer wieder auf die neue Schmerzstelle richten und präzise beschreiben, wie und wo der Schmerz ist.
Meist werden diese ersten drei Schritte genügen.

4 Was steckt dahinter?

Wenn eine körperliche Beschwerde nicht durch einfaches Klopfen der Symptome verschwindet, fragen Sie sich:

- Welches emotionale Problem könnte der Auslöser sein?
- Wann war das erste Mal, dass Sie diese Symptome hatten und mit welchen emotionalen Themen haben Sie sich kurz davor auseinander gesetzt? Oder was ist vorher passiert?
- Wenn es einen Grund gäbe, weshalb dieses körperliche Problem nicht heilt, wie würde er lauten?

5 Begleitende Emotionen

Wenn man die begleitenden Emotionen klopft, verschwinden körperliche Beschwerden oft. Stellen Sie sich dazu folgende Fragen:

- Wie fühlen Sie sich, wenn Sie an Ihr körperliches Problem denken?
- Ergeben sich aus diesem körperlichen Problem Einschränkungen für Ihr Leben? Was löst diese Tatsache in Ihnen aus?

6 Das Emotionsbarometer

Wenn eine geklopfte körperliche Beschwerde nach einiger Zeit wiederkehrt, heißt das nicht, dass EFT in diesem Fall nicht funktioniert hat. Dieses Symptom kann die Funktion eines Emotionsbarometers haben, das anzeigt, wann ›Hochdruck‹ in Ihnen ist und es wieder nötig wäre, EFT anzuwenden. Das Symptom ist eine wertvolle Referenz zur Überprüfung des Klopfergebnisses, denn sein Verschwinden deutet darauf hin, dass ein tieferes, emotionales Problem erfolgreich geklopft worden ist.

Zur Vorbereitung sollten Sie Ihre neue Entscheidung auf folgende Aspekte überprüfen:

- auf eine positive Formulierung
- auf die ›wörtliche‹ Bedeutung
- auf die Attraktivität und Anziehungskraft
- ob es sich um den ›Jackpot‹ handelt
- ob Sie sich für sich entscheiden
- auf Ihre Einfachheit

Gibt es Widerstände gegen die neue Entscheidung? Alle Aspekte klopfen.

1 Entscheidungs-Setup

Problemaussage und neue Entscheidung in einem Satz. Die drei Setup-Punkte Wunder Punkt (WP), Zeigefingerseite der Hand (HZ) und Handkantenpunkt (HK) klopfen.
Beispielsatz: »Auch wenn ich mich vom Chef ungerecht behandelt fühle, entscheide ich mich jetzt dafür, mich in jeder Situation mit meinem Chef wertvoll und akzeptiert zu fühlen.«

2 EFT-Punkte mit der Problemaussage klopfen

Augenbrauenpunkt (AB) bis Kopfpunkt (KP): »Ich fühle mich vom Chef ungerecht behandelt.«

3 EFT-Punkte mit der Entscheidung klopfen

Augenbrauenpunkt (AB) bis Kopfpunkt (KP): »Ich entscheide mich jetzt dafür, mich in jeder Situation mit meinem Chef wertvoll und akzeptiert zu fühlen.«

4 EFT-Punkte klopfen

Vom Augenbrauenpunkt (AB) bis zum Kopfpunkt (KP) immer abwechselnd die Problemaussage und die Entscheidung klopfen, angefangen mit der Problemaussage: »Auch wenn ich mich vom Chef ungerecht behandelt fühle...«; beim nächsten die Entscheidung: »Ich entscheide ich mich jetzt dafür, mich in jeder Situation mit meinem Chef wertvoll und akzeptiert zu fühlen.« Punkte unter Nase (UN) und unter Lippe (UL) gleichzeitig klopfen. Bis zum Kopfpunkt, der mit der Entscheidung geklopft wird.

Wichtig: Beim ersten Punkt die Problemaussage und beim letzten die Entscheidung sprechen.